KB193668

나는 '그것'이다

나는 '그것'이다 : I AM THAT I AM

1판 1쇄 인쇄 2025년 3월 24일
1판 1쇄 발행 2025년 4월 16일

지은이 네빌 고다드
옮긴이 홍주연
발행인 김정경
책임편집 김광현 **마케팅** 김진학 **디자인** 문성미

발행처 터닝페이지
등 록 제2022-000019호
주 소 04793 서울 성동구 성수일로10길 26 하우스디 세종타워 본동 B1층 101/102호
전 화 070-7834-2600
팩 스 0303-3444-1115
대표메일 turningpage@turningpage.co.kr
인스타그램 www.instagram.com/turningpage_books
페이스북 www.facebook.com/turningpage.book

ISBN 979-11-93650-16-5 (03110)

바라는 것이 아니라, 존재하라

나는 '그것'이다

네빌 고다드 지음 | 홍주연 옮김

I AM THAT I AM

NEVILLE GODDARD

터닝페이지

차 례

| 4 부 |

존재함으로써
완성되는 삶

I AM
THAT
I AM

거울을 내려놓고, 당신의 얼굴을 바꾸십시오.
세상을 그대로 두고, 자신에 대한 관념을 바꾸십시오.

1부

상상하는 대로 삶을 이끄는

의식의 힘

THE IDEAS

of

NEVILLE

GODDARD

I AM THAT I AM

1장

새로운 나를
받아들일
마음을 준비하라

　새로운 삶의 방식을 창조해나갈 때 우리는 개인의 혁신에서부터 시작해야 합니다. 조직, 정치 집단, 종교 단체, 사회 조합을 형성하는 행동만으로는 충분하지 않습니다. 우리가 마주하는 문제는 우리가 인지하는 수준보다 더욱 깊게 자리하고 있습니다. 본질적 혁명은 우리 안에서 일어나야 합니다. 모든 것은 자신에 대한 태도에 달려 있습니다. 우리 내면에서 확언하지 않는 대상은 우리의 세계에서 절대 커나갈 수 없습니다. 이 점이 우리가 함께하는 종교와 같습니다. 자비가 집에서 먼저 시작되듯이, 종교 역시 주관적인 경험에서 우선 시작되기 때문입니다.

　"정신을 새롭게 함으로써 변화하십시오."(로마서 12:2) 이 구절은 고대의 원칙을 담고 있습니다. 이 외에 자신을 변화시킬 수 있는 다른 방법은 없습니다. 모든 것은 자신을 바라보는 태도에 달려 있습니다. 스스로 진실이라고 주장할 수 없고, 그렇게 하지도 않을 대상은 우리의 세계에서 결코 움트지 못합니다.

사람은 끊임없이 자신이 사는 세상을 둘러보며 "무엇을 해야 하지? 무슨 일이 일어날까?"라고 자신에게 묻습니다. 하지만 우리는 이렇게 물어야 합니다. "나는 누구지? 나의 자기 관념은 무엇이지?" 우리가 더욱 위대하고 나은 세상을 원한다면 더욱 위대하고 나은 존재가 우리 안에 실재한다는 사실을 확언해야 합니다. 이렇게 완성으로 향하는 길을 안내하는 일이 제 가르침의 궁극적 목적입니다. 저는 여러분에게 어떻게 내면의 자신을 조정하는지, 우리 삶의 새로운 전제는 무엇이어야만 하는지 보여주려 합니다. 그래서 여러분이 추구하는 더 높은 수준에 도달한 영혼을 찾을 수 있기를 바랍니다.

인간은 자신의 의식에 담기지 않은 것을 볼 수 없습니다. 어떤 것을 의식하지 않는 한 그것은 존재하지 않기 때문입니다. 이상적 상태는 새로 구현될 모습을 늘 찾아다니지만 우리가 부모 역할을 다하지 않으면 그 상태는 세상에 태어날 수 없습니다. 우리는 세상의 잔혹한 현실을 바꿀 수 있는 존재입니다. 우리 의식의 가장 위대한 목적은 바로 이 현실을 변화시키고 더 나은 세상을 만들어내는 것입니다. 하지만 우리가 스스로 그 책임을 포기하고, '세상은 원래 잔혹하며, 상상력과 사랑의 힘으로도 바뀌지 않아'라고 단정 지어버린

다면, 그것은 우리 안에 있는 믿음이 부족해서 삶의 진정한 목적을 잃어버리는 것과 같습니다. 다시 말해 스스로 세상을 변화시킬 수 있는 유일한 힘을 거부하는 셈입니다.

종교가 진정으로 가치 있는지 판단하려면, 그것이 진심으로 개인의 깊은 믿음과 내적 경험을 바탕으로 탄생했는지를 확인해야 합니다. 다시 말해, 삶에서 무슨 일이 일어나더라도 '모든 것은 괜찮다'는 깊고 흔들림 없는 감각을 주지 못한다면, 어떤 종교도 진정한 가치를 갖지 못합니다.

정신적 지식과 영적 지식의 방법은 완전히 다릅니다. 우리는 어떤 것을 외부에서 바라보고 다른 것과 비교하고 분석하고 정의하면서 그것을 정신적으로 압니다. 앨프리드 노스 화이트헤드Alfred North Whitehead●는 종교를 '고독 속에서 영위하는 행위'라고 정의했습니다. 덧붙여서 저는 종교가 자신의 고독 속에서 자신이 무엇인지 아는 행위라고 믿습니다.

고독 속에서 우리는 주관적 경험에 이끌립니다. 그때 우리는 세상에 구현되길 바라는 이상적 모습이 된 자신을 상상해야 합니다. 목표가 이루어졌을 때 우리가 현실에서 마주할 일을 고독 속에서 상상하며 경험한다면 우리는 머지않아 이상적 모습으로 변모할 것입니다. "정신을 움직이는 힘을 새롭게 하십시오. 새 인간성을 입으

● 영국의 수학자이자 철학자로서 종교철학을 비롯한 형이상학적 체계를 구축했습니다.

나는 '그것'이다 : I AM THAT I AM　　　**15**

십시오. 모든 이웃에게 진실을 말하십시오."(에베소서 4:23-25) 어떤 것이 존재한다는 사실을 의식 속에 확립하는 과정은 "정신을 새롭게 하는 것"으로 가능합니다.

우리는 생각을 바꾸라는 말을 듣습니다. 하지만 발상을 바꾸지 않는 한 생각을 바꿀 수 없습니다. 생각은 발상이 자연스럽게 터져 나온 결과이고 우리의 가장 내면적인 발상은 우리 자체입니다. 갈망의 끝은 행동이 아니라 언제나 존재하는 것입니다.

"너희는 가만히 있어 내가 하나님 됨을 알지어다."(시편 46:10)

존재를 항상 추구하십시오. 마음이 개혁되지 않는 한 외적인 개혁은 아무 쓸모없습니다. 케케묵은 발상은 손바닥 뒤집듯이 바뀌지 않습니다. 오직 새로운 발상에 밀려서 물러갈 뿐입니다.

완전히 새롭고 마음을 빼앗는 발상이 우리의 관심을 차지할 때, 낡은 발상은 사라집니다. 생각과 감정의 오래된 습관은 마치 시든 가랑잎처럼 새로운 이파리가 나서 떨어질 때까지 가지에 매달려 있습니다. 창조성은 근본적으로 더 깊은 받아들임이자 더욱 열렬한 수용입니다. 미래의 꿈은 삶을 변화시키려는 사람의 마음속에서 현재의 사실이 되어야만 합니다.

외부 세상에 그려지는 모든 위대한 실현은 깊은 몰입의 시기를 거칩니다. 몰입의 순간을 가장 높은 이상으로 채우며 이상적 존재가 될 때, 우리는 이상이 우리의 세계에서 구현된 모습을 보고 현재가 과거로 물러나는 것이 아니라 미래로 나아간다는 사실을 깨닫습니다. 바로 이 과정이 우리가 근본적으로 미래를 바꾸는 방법입니다.

'다른 곳'에 있는 '지금'은 절대적 의미가 없습니다. 우리는 '지금'이 '여기'와 같은 시간에 있을 때만 지금을 인식합니다. 우리가 '지금 여기에서' 원하는 상태에 들어갔다고 느낄 때, 우리는 진정으로 미래를 바꾼 것입니다. "당신의 미래를 바꾸십시오"는 제가 당신에게 온전히 전달하고 싶은 메시지입니다. 당신의 더 높은 자기 관념을 일깨우고 이 관념을 얻는 방법을 명확히 설명해서 여러분 한 명한 명이 변화된 존재가 될 수 있도록 하는 것이 저의 목표입니다.

낙담한 사람들은 위대한 원칙에서 영감을 받아야 합니다. 우리는 상상력에 불을 붙이고 정신을 깨우는 목소리를 내기 위해 근본적 원칙으로 돌아가야 합니다. 다시 한번 강조합니다. 새로운 삶의 방식을 창조해나갈 때 우리는 개인의 혁신에서부터 시작해야 합니다. 우리가 저지르는 가장 큰 착각은 자신이 무엇이든 할 수 있다는 확신입니다.

모두 자신이 할 수 있다고 생각합니다. 모두 뭔가를 하기 원하며 "무엇을 해야 할까?"라고 묻습니다. "무엇을 해야 하냐고요?" 어떤 것도 할 수 없습니다. 우리는 존재해야만 합니다. "우리 스스로 아무것도 하지 않는다"라는 사실을 받아들이는 일은 어렵습니다. 이 말이 진실이기에 이 점을 받아들이는 것이 특히나 어렵습니다.

진실은 언제나 수용하기 어렵습니다. 하지만 실제로 그 누구라도 아무것도 할 수 없습니다. 모든 일은 그저 일어납니다. 우리 앞에 닥친 모든 일, 우리가 행한 모든 일, 우리에게서 시작된 모든 일은 일어납니다. 마치 대기의 상층부에서 온도가 변한 결과로 비가 내리듯이 그저 일어납니다. 이 사실은 우리 모두에게 어려운 과제를 던집니다. 우리 영혼의 상층부에는 어떤 자기 관념이 자리하고 있습니까?

모든 일은 자신을 대하는 자신의 태도에 달려 있습니다. 내면에서 진실이라고 확언하지 않은 대상은 우리의 세계에서 결코 실현될 수 없습니다. 자기 관념을 바꿔야 삶을 올바르게 조정할 수 있습니다. 즉, 자기 관념의 변화는 우리의 겉모습과 본질 사이에 새로운 관계를 형성하는 일입니다. 내면을 깊이 파고드는 일은 원칙적으로 언제나 가능합니다. 모든 사람 안에는 궁극적인 깊이가 존재하며, 자신의 내면을 의식하는지가 유일한 문제이기 때문입니다.

삶은 우리에게 기꺼이 죽고 다시 태어나라고 요구합니다. 육체적으로 죽으라는 뜻이 아닙니다. 우리는 옛 인간성을 죽이고 새 인간성을 입어 육신을 입은 새사람을 봅니다. "하느님의 뜻에 복종하십시오."(야고보서 4:7)라는 표현은 새사람이 되라는 뜻이 담긴 오래된 문구입니다. 저는 이보다 더 나은 표현은 없다고 생각합니다. 우리가 나타내길 원하는 이상에 자신을 온전히 내맡기면 모든 갈등은 사라지고 우리는 그 속에서 안식할 수 있는 이상적 모습으로 변모합니다.

우리는 결혼식 예복을 입지 않은 사람이 교묘하게 눈을 속여 왕국에 도착한 이야기를 알고 있습니다.* 그는 자신이 외적으로 하는 행동을 속으로는 믿지 않습니다. 그는 선하고 친절하고 자비로워 보이며 바른말을 하지만 내면에서는 아무것도 믿지 않습니다. 그보다 훨씬 의식이 높은 사람들이 그에게 강렬한 빛을 비추면 그는 이제 누구도 속이지 못합니다. 결혼식 예복이란, 진정으로 하나가 되고자 하는 내면의 마음을 상징합니다. 예복을 입지 않았다는 건, 겉으로는 원한다고 말하지만, 마음 깊은 곳에서는 그것과 하나가 될 준비가 되어있지 않다는 뜻입니다. 다시 말해 진정한 마음의 준비와 진실한 믿음 없이 원하는 것과 하나가 될 수는 없습니다. 우리가 진실과 하나가 될 때, 우리는 옛 본성을 벗어버리고 새 인간성을 입어 새롭게 될 것입니다.

진리는 교묘하게 속이는 사람들의 거짓된 가면을 벗겨낼 것입니다. 진리는 결국 선의를 가진 사람들의 진정성에 의해 인도되어 다스려질 것입니다. 선의는 이 세상에서 결코 정복될 수 없는 유일한 자질입니다.

---

* 마태복음 22:11-13에서 예수님께서는 하늘 왕국을 왕실 결혼식으로 비유하셨습니다. 왕은 결혼식 예복을 입지 않고 온 사람을 보고 몹시 노하여 그를 당장 쫓아냈습니다.

2장

나에 대한 란념이
삶을 지배한다

빛은 의식을 의미합니다. 의식은 하나이며 다양한 형태나 수많은 의식 수준으로 나타납니다.

"모든 것은 허용될 때 빛에 의해 드러나니, 드러난 모든 것은 빛이 리라."(에베소서 5:13)

전체와 연결되지 않은 사람은 없습니다. 의식은 무수히 많은 수준으로 모습을 드러내더라도 절대 나뉘지 않기 때문입니다. 의식 안에는 그 어떤 분리나 분열도 존재하지 않습니다. I AM, 즉 궁극적 존재는 분리될 수 없습니다. 자신을 부자라고, 빈털터리라고, 거지

라고, 또는 도둑이라고 뭐라고 생각하든 간에 나라는 존재의 핵심
은 변하지 않습니다. 드러나는 과정의 중심에는 존재에 대한 수많은
개념과 형태로 모습을 나타낸 I AM만 있을 뿐입니다. 그리고 "나는
나로서 존재"합니다.

　I AM은 궁극적 존재가 스스로 내린 정의이자 모든 것이 의지하
는 근간입니다. I AM은 모든 것의 최초의 원인이자 하느님이 인식
한 자신입니다.

　"스스로 존재하는 자가 나를 너희에게 보내셨다고 말하라."
　(출애굽기 3:14)
　"나는 나로서 존재한다."(출애굽기 3:14)
　"너희는 가만히 있어 내가 하나님 됨을 알지어다."(시편 46:10)

　I AM은 존재에 대한 지속적이고 변하지 않는 알아차림입니다.
의식의 본질에는 I AM의 감각이 있습니다. 내가 누구인지, 어디에
있는지, 무엇인지는 잊을지 몰라도 궁극적 존재는 결코 잊을 수 없
습니다. 내가 누구이고, 어디에 있고, 무엇인지 끝없이 망각하더라도
존재에 대한 알아차림은 절대 사라지지 않습니다.

　무수한 형상들로 나타나더라도 I AM은 언제나 본질적으로 같습
니다. 최초의 원인에 대한 이 위대한 발견은 좋든 나쁘든 간에 인간
이 실제로 자기 운명의 결정권자라는 사실과 자신이 살아가는 세계

를 규정짓는 것은 자신에 대한 관념이라는 점을 드러냅니다. 자신에 대한 관념은 삶을 향한 반응을 결정합니다. 다시 말해 당신의 건강이 좋지 못하고 그 원인이 무엇인지 진실을 안다면, 당신은 외부를 탓하지 않고 근본적 원인이 특정하게 배열되어 영향을 미치고 있다고 생각할 것입니다.

특정한 배열은 삶을 향한 당신의 반응에서 촉발되고, '나는 건강하지 않다'라는 관념에 의해 삶에 분명히 나타납니다. 그러므로 "약한 자들에게 '나는 강하다'라고 말하게 하라"(요엘서 3:10)라고 쓰인 것입니다. 자신의 인식에 따라 궁극적 원인인 I AM이 다시 배열되고, 재구성된 배열은 반드시 선언되어 삶에 나타나야 하기 때문입니다. 이 원칙은 인간관계, 재정문제, 지적성취, 영적성장을 비롯해 우리 삶의 모든 면을 지배합니다.

I AM은 무슨 일이든 상관없이 삶의 현상을 설명하기 위해 반드시 돌아봐야 하는 진실입니다. 나라는 존재의 형태와 풍경을 결정짓는 것은 바로 I AM에 나타난 자기 관념입니다.

모든 것은 자신을 향한 자신의 태도에 달려 있습니다. 스스로 진실이라고 선언하지 않은 대상은 나의 세계에서 움틀 수 없습니다. '나는 강해, 안전해, 사랑받아' 같은 관념이 당신이 살아가는 세계를 결정합니다. 당신이 '나는 남자야, 아버지야, 미국인이야'라고 말한다고 해서 I AM을 각각 다르게 정의하는 것은 아닙니다. 최초의 원인인 하나의 I AM이 가진 다양한 관념이나 배열을 밝히는 것입니다. 심지어 자연 현상을 살펴보더라도 나무가 말할 수 있다면 '나는 나무야, 사과나무야, 열매가 잘 열리는 나무야'라고 할 것입니다.

의식이 유일한 현실이며 스스로 좋거나 나쁘거나 그저 그렇다는 생각을 품고 그것을 현실에 그대로 드러낸다는 사실을 알게 되면 당신은 부수적 원인이 주는 압박감에서 자유로워지고 당신 삶에 영향을 줄 수 있는 뭔가가 당신 외부에 있다는 믿음에서 벗어납니다.

삶의 현상에 대한 설명은 개인의 의식 상태에서 찾을 수 있습니다. 자기 관념을 달리하면 나의 세계를 구성하는 모든 것이 달라질 것입니다. 지금과 똑같은 관념을 가진다면 세계를 구성하는 모든 것도 절대 변하지 않습니다. 그러므로 분명히 알 수 있는 점은 세상에 단 하나의 I AM이 있고, 당신이 바로 그 I AM이라는 사실입니다. I AM은 무한합니다. 하지만 당신은 자기 관념에 따라, 무한한 I AM의 지극히 제한된 모습만을 드러내고 있습니다.

더욱 웅장한 저택을 지어라

오, 나의 영혼이여!

세차게 변화하는 계절처럼

천장이 낮아 웅크렸던 과거는 떠나라!

지난 성전보다 더 고귀한 성전을 짓고

거대한 돔이 너를 감싸며 하늘에 닿아

마침내 자유로워질 때까지

헤지고 빛바랜 껍질은

삶이라는 끝없는 바다에 내려놓아라!

— 올리버 웬델 홈스Oliver Wendell Holmes, 「들어앉은 앵무조개The Chambered Nautilus」

3 장

당신이 믿는 대로
세상은 움직인다

자기 관념을 바꾸는 의식의 변화만이 "더욱 웅장한 저택"을 짓는 일, 즉 더욱 드높고 고귀한 관념의 실현을 가능하게 만듭니다. 실현 이란 이러한 관념들이 낳은 결과가 당신의 세계에서 실제로 경험되는 것을 의미합니다.

따라서 의식이 정확히 무슨 뜻인지 반드시 이해해야 합니다. 의식은 단 하나이자 유일한 현실이기 때문입니다. 의식은 삶의 현상에서 최초이자 오직 하나밖에 없는 원인입니다. 사람이 의식하지 않는 한 그 무엇도 존재하지 않습니다. 그러므로 당신은 의식을 돌아봐야 합니다. 의식만이 삶의 현상을 설명할 수 있는 근원이기 때문입니다.

우리가 최초의 원인이라는 개념을 받아들인다면 원인에서 파생된 결과가 원인과 절대 동떨어지지 않는다는 사실을 알게 될 것입니다. 다시 말해 최초의 원인 물질이 빛이라면 여기서 파생된 모든 진화의 산물과 열매와 드러난 현상도 빛으로 남습니다. 이와 마찬가지로 최초의 원인 물질이 의식이라면 모든 진화의 산물과 열매와 드러난 현상도 역시 의식으로 남습니다. 관찰될 수 있는 모든 상태는 같은 물질이 변형되어 더 높거나 낮은 형태를 띤 모습일 뿐입니다. 즉, 의식이 유일한 현실이라면 현실을 만들어내는 유일한 물질은 의식이어야 한다는 뜻입니다.

결론적으로 상황, 조건, 심지어 물리적 물체로서 당신에게 모습을 드러내는 것은 당신의 의식이 만들어낸 산물에 불과합니다. 그러므로 마음의 외부에 사물 또는 사물의 복합체로서 천지 만물이 존재한다는 관점은 거부되어야 합니다. 당신과 당신의 환경이 별도로 존재한다고 여겨질 수 없습니다. 당신과 당신의 세계는 하나입니다. 따라서 삶의 현상의 원인을 진정으로 알고 싶고 이 지식을 활용해 당신의 소중한 꿈을 실현하고 싶다면 현상의 객관적 표면에서 벗어나 주관적 핵심, 즉 당신의 의식에 주의를 기울여야 합니다.

당신 삶의 뚜렷한 모순, 대립, 대비의 한가운데에 작용하고 있는 원칙은 오직 한 가지입니다. 바로 당신의 의식입니다. 세상의 다양한 물질이 차이를 만드는 것이 아닙니다. 같은 원인 물질인 의식이 어떻게 배열되는지에 따라 차이가 생겨납니다.

세상은 어떤 목적도 없이 필연성에 따라 움직입니다. 다시 말해 세상은 자체적 동기 없이 당신의 관념, 즉 마음의 배열이 나타내는 필연성에 의해 좌우된다는 뜻입니다. 당신의 마음은 스스로 진실이라고 믿고 동의한 심상 속에서 늘 배열됩니다.

부자, 빈털터리, 거지, 도둑은 서로 다른 마음을 갖고 있지 않습니다. 같은 마음을 다르게 배열했을 뿐입니다. 마치 자성이 있는 철 조각과 자성을 잃은 철 조각이 물질적으로는 같지만, 분자의 배열과 순서가 다른 것과 같습니다. 하나의 전자가 특정한 궤도를 돌 때 자기력이 발생합니다. 철 조각이나 다른 어떤 물질이 자성을 잃어도 전자의 회전은 멈추지 않습니다. 즉, 물질 자체에서 자성이 사라지는 것이 아닙니다. 그저 미립자가 다시 배열되어 외부에서 감지할 수 있는 자기력이 나타나지 않을 뿐입니다. 미립자가 무작위로 배열되어 모든 방향으로 뒤섞이면 그 물질은 자기력을 잃은 상태가 됩니다. 하지만 수많은 미립자가 열 맞춰 정렬되어 한 방향을 향하면 그 물질은 자석이 됩니다. 자기력은 새롭게 만들어지는 것이 아니라 외부에 드러날 뿐입니다.

건강, 부유함, 아름다움, 천재성은 창조되지 않습니다. 오직 당신 마음의 배열에 따라 현실에 나타납니다. 즉, 자신에 대한 관념이 현실을 좌우합니다. 자신에 대한 관념이란 당신이 진실이라고 받아들이고 동의한 모든 것을 말합니다. 당신이 무엇을 동의했는지는 삶을 향한 당신의 반응을 비판 없이 관찰해야만 발견할 수 있습니다. 당신의 반응은 당신이 심리적으로 어디에 살고 있는지 드러냅니다. 그리고 당신이 심리적으로 사는 장소가 외부의 가시적인 세계에서 당신이 어떻게 사는지를 결정합니다.

당신의 일상에서 이 점이 얼마나 중요한지 바로 알아채야 합니다. 근본적 원인의 본질은 의식입니다. 그러므로 모든 것을 나타내는 궁극적인 물질은 의식입니다.

변화를 열망하고 이상을 실현하는 가정의 힘

사람의 주된 착각은 자신의 의식 상태 외에 다른 원인이 있다고 확신하는 것입니다. 그에게 닥치는 일, 그가 하는 일, 그로부터 일어나는 모든 일은 그의 의식 상태가 구현된 결과입니다.

사람의 의식이란 그가 생각하고 열망하고 사랑하며, 진실이라고 믿고 동의하는 모든 것을 말합니다. 그러므로 외부세계를 바꾸기 전에 반드시 당신의 의식을 먼저 바꿔야 합니다. 비는 대기 상층부의 온도가 변했기 때문에 내립니다. 이와 마찬가지로 상황의 변화는 의식 상태가 바뀌었기 때문에 결과적으로 현실에 드러납니다.

"정신을 새롭게 함으로써 변화하십시오."(로마서 12:2) 당신 사고의 전체적 근간을 바꿔야만 변화할 수 있습니다. 새로운 발상을 하지 않는 한 사고는 바뀌지 않습니다. 사고는 발상에서부터 시작되기 때문입니다.

모든 변화는 변화하겠다는 강렬하고 타오르는 열망에서 시작됩니다. "정신을 새롭게 하는" 첫 번째 단계는 열망을 품는 것입니다. 자신을 변화시키기 전에 변화를 강렬히 원하고 달라지겠다고 의도해야만 합니다. 그런 다음 미래의 꿈을 현재의 사실로 만드십시오. 그러려면 소망이 이루어졌을 때의 느낌을 가정해서 느껴야 합니다. 지금의 모습이 아닌 다른 존재가 되길 열망함으로써 당신은 되고 싶은 존재의 이상적인 모습을 구상할 수 있고 이미 그런 사람이 되었다고 가정할 수 있습니다. 이 가정을 꾸준히 유지해 그에 따른 느낌이 당신의 지배적 감정으로 자리 잡을 때, 당신의 이상은 필연적으로 이루어질 것입니다.

당신이 성취하길 바라는 이상은 세상에 실현될 준비가 늘 되어 있습니다. 하지만 당신이 이상의 부모 역할을 하지 않으면 이상은 세상에 탄생할 수 없습니다. 따라서 당신은 더 높은 상태를 표현하려고 열망하며 자신의 새롭고 위대한 가치를 구현하는 임무를 오직 혼자 힘으로 다하고 받아들이는 태도를 보여야만 합니다.

당신의 이상을 탄생시키는 과정에서 정신적 지식과 영적 지식의 접근이 완전히 다르다는 점을 반드시 명심해야 합니다. 아마도 백만 명 중의 한 명만 이 점을 진정으로 이해할 수 있을 것입니다.

당신은 어떤 것을 바깥에서 바라보고 다른 것과 비교하고 분석하고 정의하고 생각하면서 그것을 정신적으로 이해합니다. 반면에 그 대상 자체가 됨으로써, 즉 '그것으로부터' 생각함으로써 영적으로 그 것을 이해할 수 있습니다.

당신은 그것 자체가 되어야 합니다. 단순히 그것에 대해 말하거 나 바라보기만 해서는 안 됩니다. 당신은 우상인 불꽃을 찾아 헤매 는 나방이 되어야 합니다. 진정한 열망에 이끌려 성스러운 불꽃 속 으로 곧장 몸을 던지고, 자신의 날개를 접어 결국 불꽃과 같은 물질 이자 색이 되는 나방처럼 나아가십시오.

불꽃에서 타오른 자만이 불꽃을 알며, 돌아오지 않은 자만이 그 진실을 말할 수 있었다

— 파리드 우딘 아타르Farid ud-Din Attar, 『새들의 회의Bird Parliament』

불꽃을 알기를 열망했던 나방이 자신을 기꺼이 파괴하려 했듯이 당신도 새로운 사람이 되기 위해서 현재의 자아를 기꺼이 버려야 합니다.

건강을 알려면 건강한 상태를 의식해야만 합니다. 안전한 상태를 의식해야만 안전함이 무엇인지 진정 알 수 있습니다. 따라서 자신 의 새롭고 위대한 가치를 세상에 구현하려면 원하는 상태가 되었다 고 먼저 가정해야 합니다. 그 가정이 아직 당신의 삶 전반에 구체적 인 모습을 드러내지 않더라도 가정이 이루어졌다고 믿고 굳게 나아가십시오. 내가 지금 열망하는 모습이 되었다는 절대적 신뢰를 통해 새로운 가치나 의식 상태가 반드시 구현될 것이라는 확신 속에 사십시오.

이것이 바로 완전함과 통합의 의미입니다. 내가 완전해지고 통합된다는 말은 전체 자아를 소망이 이루어진 느낌에 내맡긴다는 뜻입니다. 또한 이 과정은 새로운 의식 상태가 마음을 새롭게 하여 변화를 이끈다는 확신 속에서 이루어집니다.

자연에는 나를 넘어선 이상에 자신을 기꺼이 내맡기는 질서가 없습니다. 그러므로 자연스러운 진화 과정을 통해 새롭고 위대한 자기 관념이 구현될 것이라고 기대하는 행동은 어리석기 짝이 없습니다.

어떤 효과를 얻기 위해 특정한 의식 상태가 필요하다는 말은 그 의식 상태가 없다면 당연히 어떤 효과도 얻을 수 없다는 뜻입니다. 위대한 삶의 모습과 새로운 자기 관념을 가정해서 느끼는 당신의 능력 안에는 자연이 갖지 못한 힘이 있습니다. 바로 당신의 세계를 창조하는 도구, 즉 상상력입니다.

상상력은 당신을 질병, 가난에서 구원하는 도구이자 수단입니다. 만약 당신이 새롭고 더욱 고귀한 자기 관념을 세상에 드러내는 책임을 거부한다면 당신은 구원, 즉 당신의 이상이 이루어지는 유일한 방법을 배척하는 것입니다. 상상력은 우주에서 유일하게 존재하는 구원의 힘입니다.

당신은 본래 선택할 수 있는 존재입니다. 자유, 건강, 안전을 갈망하는 지금의 모습으로 남을지, 아니면 자신을 구원하는 도구 자체가 되어 스스로 원하는 상태라고 상상하면서 갈망을 충족하고 자신을 구원할지는 당신에게 달려 있습니다.

> 오, 그러니 강하고 담대하며
> 순수하고 인내하며 진실하라
> 네게 맡겨진 일을
> 다른 손이 하도록 두지 말라
> 필요한 힘은 모두에게
> 충실히 주어지니
> 그 힘은 네 안의 샘물,
> 천국에서 나오느니라

위대한 신비주의자인 윌리엄 블레이크William Blake •는 약 200년 전에 이렇게 썼습니다. "그렇게 보이는 것은 그렇게 여기는 사람에게만 그러합니다. 그리고 그것은 그렇게 보는 사람에게 가장 끔찍한 결과를 가져옵니다." 처음에는 이 신비롭고 귀중한 말이 다소 복잡하거나 기껏해야 말장난처럼 들릴지 모릅니다. 하지만 다시 집중해서 살펴봅시다. "그렇게 보이는 것은 그렇게 여기는 사람에게만 그

• 영국의 화가이자 시인이며 주로 자신의 신비한 경험을 예술 작품으로 표현했습니다.

러합니다." 이 구절은 매우 명확하게 진리를 진술합니다. 이 구절은 가정의 법칙에 담긴 단순한 진리를 담고 있으며 가정의 법칙을 잘 못 사용했을 때 어떤 결과가 찾아올지 경고합니다.

로마서의 저자는 14장에서 이렇게 선언했습니다. "내가 알고 또 주 예수님에 의해 확신하는 사실은, 그 자체로 더러운 것은 없지만 무엇이든 더럽다고 여기는 자에게는 그것이 더럽다는 점입니다."(로 마서 14:14) 우리는 위대한 사람에게서 자신에게 익숙한 초라함을 읽어내는 태도가 뛰어난 통찰력의 발로가 아니라 반쯤 눈이 먼 상 태의 결과라는 사실을 알 수 있습니다. 그렇게 보이는 것은 그렇게 여기는 사람에게만 그러합니다.

두 개의 주요 대학에서 실험을 통해 가정의 법칙에 담긴 위대한 진리를 밝혀냈습니다. 대학에서 발표한 자료에 따르면 연구팀은 2 천 번의 실험 끝에 이러한 결론에 이르렀습니다. "우리가 뭔가를 볼 때 실제 눈에 비치는 것은 사물 자체보다는 당신이 하는 가정에 의 해 더 큰 영향을 받습니다. 당신이 실제 물리적인 세계라고 믿는 것 은 사실 가정된 세계에 불과합니다." 다시 말해 같은 대상이지만 보 는 사람에 따라 다르게 인식한다는 것입니다.

어떤 것과 맺고 있는 특정한 관계는 그 대상에 대한 당신의 감정 에 영향을 미치고 당신이 그 대상에게서 존재하지 않는 것을 보도 록 만듭니다. 만약 어떤 것에 대한 당신의 감정이 개인적이고 주관 적인 이유 때문에 생겨난다면, 그 이유는 바꿀 수 있습니다. 하지만 그 감정이 대상의 본질적이고 영구적인 특성 때문에 생겨난 것이라면, 그것은 바꿀 수 없습니다. 다시 말해 당신이 다른 사람에 대한 의견을 바꿀 수 있다면 지금 당신이 그에 대해 믿고 있는 점은 절대적 진리일 리 없으며 상대적 진리라는 뜻입니다.

사람들은 외부 세계가 실재한다고 믿습니다. 자신이 가진 힘을 응축하고 집중시켜서 외부 세계의 얇은 껍질을 뚫고 관통하는 방법을 모르기 때문입니다. 매우 이상하게 들리겠지만 감각이 제공하는 관점을 뚫고 나아가는 일은 어렵지 않습니다. 감각의 장막을 없애는 일에 엄청난 노력이 드는 것도 아닙니다. 우리가 주의를 돌리기만 해도 외부의 객관적 세계는 사라집니다. 우리는 열망하는 상태를 정신적으로 보기 위해서 그저 그 상태에 집중하면 됩니다. 하지만 열망하는 상태에 현실성을 부여해 그것을 객관적 사실로 만들려면 열망하는 상태가 모든 감각적인 생생함을 갖고 현실감 있게 느껴질 때까지 그 상태에 주의를 집중해야만 합니다.

주의력을 기울여 우리의 열망이 현실적 뚜렷함과 감각을 갖추게 될 때, 또한 그 생각의 형태가 자연의 모습만큼 생생해질 때, 우리는 열망이 우리의 삶에서 눈에 보이는 현실로 드러날 권리를 부여한 것입니다. 사람은 각각 주의력을 통제하고 열망하는 상태에 집중할 수 있도록 자신의 본성에 가장 잘 맞는 방법을 찾아야 합니다. 저는 제게 잘 맞는 방법의 하나가 명상이라고 생각합니다. 명상은 수면과 비슷하게 이완된 상태지만 그 속에서 저는 여전히 상상력을 의식적으로 통제하고 정신적 대상에 주의를 집중할 수 있습니다.

잠과 비슷한 명상의 상태에서 집중력이 흘러가는 방향을 통제하기 어렵다면 고정된 물체를 응시하는 방법이 유용할지 모릅니다. 물체의 표면을 보지 말고 그 물체의 깊이와 그 너머를 바라보십시오. 벽, 카펫이나 깊이가 있는 평범한 물체를 사용하십시오. 물체에서 반사되는 빛이 최대한 적도록 배치하십시오. 그다음 상상된 상태가 당신의 집중력을 전적으로 점령할 때까지 당신이 보고 싶고 듣고 싶은 것을 물체의 깊이감 속에서 지금 보고 있으며 듣고 있다고 상상하십시오.

명상이 끝나며 의식적으로 통제된 꿈에서 깨어날 때 당신은 마치 먼 거리를 갔다가 돌아온 듯이 느낄 것입니다. 당신이 차단했던 눈에 보이는 세계가 서서히 의식으로 돌아올 것입니다. 이 세계를 바라보며 당신은 깊이 사유하던 대상이 실제로 존재한다고 스스로 속였다는 점을 알게 됩니다. 하지만 당신이 비전에 충실하다면 이렇게 꾸준한 정신적 자세가 당신의 비전에 현실성을 부여하고 그 비전은 당신의 세계에서 눈에 보이는 구체적인 사실로 드러날 것입니다.

자신의 가장 높은 이상을 정의하고 자신과 이상을 동일시할 때까지 이상에 주의를 집중하십시오. 이상적 존재가 된 느낌, 즉 당신의 세계에서 지금 이상이 구현된다면 당신이 갖게 될 느낌을 가정하십시오. 이 가정은 지금 당신의 감각 때문에 부정당하고 있지만 계속해서 유지된다면 당신의 세계에서 사실이 될 것입니다.

당신이 열망하는 상태를 의식에 성공적으로 확립했는지 알고 싶다면 당신이 아는 사람들을 그저 머릿속으로 떠올려 바라보십시오. 이 멋진 방법으로 자신을 점검할 수 있습니다. 머릿속으로 나누는 정신적 대화가 물리적 대화보다 더 많은 진실을 드러내기 때문입니다. 만약 당신이 다른 사람과 나누는 정신적 대화에서 예전에 했던 대로 말한다면 당신은 자기 관념을 바꾸지 않은 것입니다.

앞서 말했던 내용을 기억하십시오. "우리가 뭔가를 볼 때 실제 눈에 비치는 것은 사물 자체보다는 당신이 하는 가정에 의해 더 큰 영향을 받습니다." 그러므로 소원이 이루어졌다는 가정은 물리적 세계에서 사실이 되었을 때 당신이 세상을 바라볼 법한 방식대로 지금 당신이 세상을 보도록 이끌어야 합니다.

영적인 사람은 자연 상태에 머물러 있는 사람과 열망의 언어로 소통합니다. 삶에서 발전하고 꿈을 실현하도록 만드는 열쇠는 열망의 목소리에 즉시 순종하는 자세에 있습니다. 그 목소리에 망설임 없이 순종한다는 말은 소원이 이루어졌다는 가정을 즉시 한다는 뜻입니다. 어떤 상태를 바라는 것 자체가 이미 그것을 가졌다는 의미입니다.

블레즈 파스칼Blaise Pascal•은 "내가 이미 당신 안에 있지 않았더라면, 당신은 나를 찾지 않았을 것입니다"라고 말했습니다. 이처럼 사

• 기하학의 주요 토대인 '파스칼의 정리'를 증명한 프랑스의 수학자이자, 철학자이며 종교 사상가입니다.

람은 소원이 성취된 느낌을 가정한 뒤에 그 확신에 따라 살고 행동함으로써 자신의 미래를 가정과 조화롭게 바꿔나갑니다. '자신의 미래를 바꿔나가는 것'은 자유를 사랑하는 개인들의 빼앗을 수 없는 권리입니다. 만약 사람의 마음에 더 높고 고귀한 의식을 향하려는 신성한 불만이 없다면 이 세상에 진보는 없을 것입니다.

미래를 바꿀 권리는 하느님의 자녀로서 타고난 권리입니다. 따라서 미래를 바꿀 때의 도전 과제를 받아들이고 그 방법을 배워나갑시다. 오늘 다시, 미래를 바꾸는 것을 이야기하며 저는 진정한 자기 변화의 중요성을 강조하고 싶습니다. 단지 상황을 살짝 바꾸는 수준에 그쳐서 금세 예전의 불만족한 모습으로 돌아가서는 안 됩니다. 명상 중에 당신의 새로운 관념이 명확한 사실이 되었을 때 다른 사람이 당신을 바라볼 법한 방식대로 당신을 보도록 하십시오. 당신은 자신이 세운 이상을 구현한 모습으로 다른 사람에게 늘 보이는 법입니다.

명상 중에 다른 사람들을 떠올릴 때 그들은 당신이 세운 새로운 자기 관념이 실제로 객관적 사실이 된 듯이 정신적으로 당신을 그렇게 바라봐야 합니다. 다시 말해 사람들이 더욱 고귀한 모습을 표현하고 있는 당신을 보고 있다고 상상하십시오. 당신이 원하던 모습이 이미 되었다고 가정하면 당신의 열망은 충족되고 커다란 충족감 속에서 '되고자 하는' 모든 갈망은 사라집니다.

갈망이 사라졌는지 살펴야 당신이 실제로 자신을 바꾸는 데 성공

했는지 훌륭히 점검할 수 있습니다. 이미 실현된 상태를 계속 갈망할 수는 없습니다. 오히려 당신에게 주어진 선물에 감사하는 마음이 커지기 마련입니다. 당신의 열망은 실현하기 위해서 애써야 하는 대상이 아니라 이미 가지고 있다는 사실을 깨달아야만 하는 대상입니다. 즉, 원하는 모습이 된 느낌을 가정해야 합니다.

믿는 것과 존재하는 것은 하나입니다. 관념을 품은 사람과 그의 관념도 하나입니다. 그러므로 당신이 되려는 존재는 너무 멀리 떨어져 있을 수 없고 심지어 너무 가까이 있을 수도 없습니다. 가까움은 결국 분리를 암시하기 때문입니다. "당신이 믿을 수 있다면, 믿는 자에게는 모든 것이 가능합니다."(마가복음 9:23) 믿음은 '희망하는 것'을 이루는 물질이요, 보이지 않는 것에 대한 증거입니다. 당신이 소망하는 대로 더 고귀하고 훌륭한 존재가 되었다고 가정하면 당신은 높은 가정에 걸맞은 시선으로 다른 사람을 바라볼 것입니다.

깨달은 모든 사람은 다른 사람을 위한 선을 희망합니다. 만약 당신이 다른 사람을 위한 선을 추구한다면 당신은 통제된 명상법을 똑같은 방식으로 사용해야만 합니다. 명상 중에 당신이 바라는 대로 그가 이미 위대해졌거나 위대함을 지닌 존재로서 당신 앞에 나타나도록 해야 합니다. 당신에게 하듯이 다른 사람을 위한 열망도 강렬해야 합니다. 당신은 열망을 통해 현재 상태를 넘어섭니다. 그리고 당신이나 다른 사람을 위한 소망이 이루어졌을 때 현실에서 마주할 일을 상상 속에서 미리 경험함으로써, 갈망에서 실현으로 나아가는 길은 단축됩니다.

저는 경험을 통해 이 방법이 자신뿐만 아니라 타인을 위한 위대한 목표를 달성하는 완벽한 길이라는 사실을 배웠습니다. 제가 집중력을 완벽히 통제해왔다는 식으로 말한다면 저는 제가 맞닥뜨린 여러 실패 앞에 고개를 들지 못할 것입니다. 하지만 저는 고대 스승의 말을 빌려 이렇게 말할 수 있습니다. "내가 하는 한 가지 일은, 과거의 것을 잊고 앞에 있는 것을 향해 손을 뻗으며 상을 얻기 위해 목표를 향해 나아가는 것입니다."(빌립보서 3:13-14)

5 장

열망하고 집중하고 상상하라

가정의 법칙을 성공적으로 사용하고자 할 때 필수 사항은 다음과 같습니다.

첫째, 무엇보다도 열망하고 갈망하고 뜨겁게 타오를 듯이 원해야 합니다. 온 마음을 다해 지금의 모습과 달라지기를 간절히 바라십시오. 좋은 결과를 이루려는 의도가 더해진 불같은 열망은 행동의 주된 원동력이자 모든 성공적인 모험의 첫 시작입니다. 목표를 달성하는 모든 위대한 열정 안에는 집중된 열망과 맞물린 의도가 있습니다. 당신은 먼저 열망하고, 그다음 성공하려고 의도해야 합니다.

"시냇물을 애타게 찾는 사슴처럼 오, 나의 영혼도 하느님을 갈망합니다."(시편 42:1) "의로움에 굶주리고 목마른 사람들에게 복이 있나니, 그들이 배부르게 될 것이기 때문입니다."(마태복음 5:6) 여기서 '영혼'은 당신이 진실이라고 믿고 생각하고 느끼고 받아들인 모든 것의 총합으로 해석됩니다. 다시 말해 영혼은 당신의 현재 인식 수준이자, I AM인 하느님이자, 모든 열망의 근원이자, 실현을 뜻합니다. 심리적으로 이해하자면 나라는 존재는 무한한 인식 수준의 연속체이고 지금 어느 수준에 있는지에 따라 내가 어떤 사람인지 결정됩니다. 위 구절은 당신의 현재 인식 수준이 자신을 초월하기를 얼마나 갈망하는지 묘사하고 있습니다. 그 다음 구절에서 '의로움'은 내가 원하는 상태로 이미 존재한다는 의식을 뜻합니다.

둘째, 신체적으로 움직이지 않는, 물리적 무능력 상태를 갖추십시오. 이 상태는 존 키츠John Keats•가 『나이팅게일에게 바치는 송가Ode to a Nightingale』에서 묘사한 모습과 비슷합니다.

"마치 독초를 먹은 듯 나른한 무감각이 나의 감각을 고통스레 흐리네."

이 모습은 잠에 빠진 듯하지만 주의를 집중하는 방향을 스스로 통제할 수 있는 상태를 말합니다. 당신은 마음대로 이 상태를 이끌어낼 수 있도록 훈련해야 합니다. 경험에 따르면 이 상태는 배부르

• 영국의 낭만주의 시인으로 인간 내면의 깊이를 감각적 표현으로 드러냈습니다.

게 먹은 후나 아침에 눈을 뜨고 나서 일어나기 꺼려지는 순간에 더욱 쉽게 유도됩니다.

이제 당신은 자연스럽게 이 상태에 들어갈 준비가 됩니다. 신체적으로 움직이지 않는 상태의 가치는 이러한 절대적 부동 상태가 정신적 에너지를 축적해준다는 점에 있습니다. 이 상태는 집중력의 힘을 끌어올립니다.

사실 마음의 더욱 커다란 에너지는 몸을 움직이지 않고 객관적 세계를 향해 감각의 문을 닫지 않는 한, 거의 표출되지 않습니다.

셋째이자 마지막으로 해야 할 일은 목표를 달성했을 때 현실에서 마주할 일을 상상 속에서 경험하는 것입니다. 우선 상상 속에서 당신이 원하는 것을 얻어야만 합니다. 당신이 찾는 것을 현실로 실현해주는 문이 바로 상상력이기 때문입니다. 상상력을 능수능란하게 사용하십시오. 구경꾼의 처지에서 '목표를' 생각하지 말고 당사자로서 '목표에서부터' 생각해야 합니다.

지금까지 당신이 갖지 못했던 자질이나 열망하는 뭔가를 갖고 있다고 상상하십시오. 당신의 전체 자아가 그 감각에 온전히 몰두할 때까지 자신을 온전히 내맡기십시오. 상상에 몰입한 상태는 다음과 같은 점에서 몽상과 구별됩니다. 몰입은 상상력을 통제하고 가만히 주의력을 집중한 결과입니다. 반면 몽상은 상상력을 통제하지 않은 결과이며 대부분 그저 헛된 꿈에 불과합니다.

통제된 상태에서는 소원이 이루어진 감각으로 의식을 채우는 일에 최소한의 노력만 기울이면 됩니다. 이때 신체적으로 또 정신적으로 움직이지 않는 상태는 집중력을 의도적으로 쓰도록 돕는 강력한 도구이며, 당신이 최소한의 노력만으로 큰 효과를 거두게 되는 주요 요인입니다. 따라서 첫째 열망하고, 둘째 신체적으로 움직이지 않고, 셋째 소원이 이미 이루어졌다고 가정하는 세 가지 필수사항은 당신이 목표와 연합되어 하나가 되는 방법입니다.

첫째 사항의 요점은 목표를 이루겠다는 의도를 갖고 '목표를' 생각하는 것입니다. 셋째 사항에서는 목표가 이미 성취되었다고 느끼며 '목표에서부터' 생각하는 것이 중요합니다. 목표에서부터 생각한다는 말은 목표가 이루어진 상태를 즐긴다는 뜻입니다. 목표가 성취된 상태를 즐겁게 여기고 당신이 목표를 이룬 존재가 되었다고 상상하자마자, 당신은 목표를 이룬 관점에서부터 생각하게 됩니다.

가장 널리 퍼진 오해 중 하나는 이 법칙이 독실하거나 종교적인 목적을 가진 사람들에게만 효과가 있다는 생각입니다. 이것은 잘못된 관점입니다. 가정의 법칙은 전기에 관한 법칙처럼 누구에게나 작용합니다. 고귀한 목적뿐 아니라 탐욕스럽고 이기적인 목적을 위해서도 사용될 수 있습니다. 하지만 비열한 생각과 행동은 필연적으로 불행한 결과를 초래한다는 사실을 늘 명심하십시오.

6장

가정의 법칙을
실천한 사람들

가정의 법칙을 성공적으로 적용한 구체적 사례를 몇 가지 살펴 본다면 매우 큰 도움이 될 것입니다. 다음은 사람들의 실제 경험담 입니다. 각각의 사례는 문제를 명확히 드러내며 필요한 의식 상태를 달성하기 위해 상상력을 어떻게 사용했는지 자세히 설명하고 있습 니다. 또한 모든 사례는 저와 직접적 연관이 있거나 당사자에게 들 은 사실로 구성되었습니다.

1.
이 이야기는 제가 모든 세부 사항을 알고 있는 저의 경험담입니다. 1943년 봄, 저는 막 징집되어 루이지애나에 있는 대규모 육군 부대에 배치되었습니다. 저는 간절히 군대에서 나가길 원했습니다. 그리고 오직 명예로운 방법으로 일이 이루어지길 바랐습니다.

제가 할 수 있는 유일한 방법은 제대 신청서를 제출하는 것이었습니다. 신청서는 부대 지휘관의 승인을 받아야만 효력이 발생합니다. 군 규정에 따라 지휘관의 결정은 최종적이었고 이의 제기도 용납되지 않았습니다. 저는 모든 필요한 절차에 따라 제대를 신청했습니다.

네 시간이 되지 않아 신청서는 '불가'라고 적힌 채 반려되었습니다. 저는 군 내의 상급 기관이나 민간 기관에 이의를 제기할 수 없다고 확신하고 의식 안으로 돌아와 가정의 법칙에 의지하기로 마음먹었습니다. 저는 의식이 유일한 현실이며 특정한 의식 상태가 앞으로 마주할 사건을 결정짓는다는 사실을 깨달았습니다.

그날 밤, 침대에 누운 다음 잠에 빠지기 전까지 저는 가정의 법칙을 의식적으로 사용하는 데 집중했습니다. 상상 속에서 뉴욕에 있는 저의 아파트에 있다고 느끼며 아파트를 눈에 선하게 그려나갔습니다. 즉, 마음의 눈으로 아파트를 실제로 바라봤습니다. 익숙한 방들과 모든 가구를 머릿속에서 선명하고 생생하게 그렸습니다.

저는 이미지를 또렷하게 시각화했고 침대에 등을 대고 누운 채 신체를 완전히 이완시켰습니다. 잠에 가까운 경계 상태를 유도했고 동시에 집중력의 방향을 통제하며 유지해나갔습니다. 몸이 완전히 움직이지 않게 되자 저는 지금 제 방에 있는 침대에 누워 있다고 가정하며 그 감각을 느끼기 시작했습니다. 군용 침대에 누워 있는 느낌과는 확연히 달랐습니다.

상상 속에서 저는 침대에서 일어나 방마다 돌아다니며 다양한 가구를 만졌습니다. 그다음 창가로 가서 창틀에 두 손을 올린 채 아파트와 마주하고 있는 거리를 내다보았습니다. 상상 속에서 모든 것이 매우 선명해서 저는 포장도로, 난간, 나무, 그리고 길 건너편 건물의 익숙한 빨간 벽돌까지 세세히 보았습니다. 그 후 제 침대로 돌아와 잠에 빠져드는 느낌을 받았습니다.

실제로 잠에 빠지는 순간, 원하는 것을 이미 이루었다는 가정으로 의식이 가득 차는 것이 법칙을 성공적으로 적용하는 핵심 요소라는 사실을 확실히 깨달았습니다. 상상 속에서 실행했던 모든 행동은 제가 더는 군대에 있지 않다는 가정에 근거했습니다. 저는 밤마다 이 드라마를 연출했습니다. 매일 밤 상상 속에서 명예롭게 전역하여 집으로 돌아왔고 익숙한 주변 환경을 보며 제 침대에서 잠드는 느낌을 받았습니다. 이 작업은 8일 밤 동안 계속되었습니다.

8일 동안 제가 경험한 객관적 상황은 매일 밤 잠들기 전에 의식 속에서 경험했던 주관적 상황과는 정반대로 흘러갔습니다. 하지만 9일째 되던 날, 대대 본부에서 제게 전역 신청서를 새로 쓰라는 명령을 내렸습니다.

신청서 작성이 끝나자마자 저는 대대장 사무실로 가서 보고하라는 명령을 받았습니다. 면담 중에 대대장은 제게 여전히 제대를 희망하는지 물었습니다. 제가 그렇다고 대답하자 대대장은 개인적으로는 제대 승인에 동의하지 않고 강한 반대 의견을 갖고 있지만 이점은 차치하고 저의 제대를 승인하기로 했다고 말했습니다. 몇 시간후, 제대 신청은 승인되었고 저는 민간인의 몸이 되어 집으로 가는 기차에 몸을 실었습니다.

2.
이 이야기는 상상력의 힘과 가정의 법칙을 증명하는 대단히 성공한 사업가의 놀라운 경험담입니다. 저는 사업가의 가족과 친밀하게 지내고 있으며 이야기의 모든 세세한 내용은 여기 등장하는 아들에게서 들었습니다.

그가 스무 살 무렵 때의 일입니다. 그는 9남 1녀로 이루어진 대가족의 둘째였고 그의 아버지는 작은 유통 업체의 공동 소유자였습니다. 2년 전 열여덟 살이 되던 해에 그는 대학에 입학해 학업을 위해 고향에서 2천 마일 떨어진 곳으로 떠났습니다. 하지만 1학년을 마치자마자 아버지의 사업과 관련한 비극적 사건이 터져 집으로 돌아와야 했습니다. 아버지는 동업자들에게 모함을 당해 사업장에서 쫓겨났을 뿐만 아니라 인격과 도덕성까지 비난받는 억울한 상황에 놓였습니다. 동시에 사업체의 정당한 지분마저 빼앗겼습니다. 결국 아버지는 크게 신용을 잃고 거의 빈털터리가 되었습니다.

그는 큰 결심을 품고 집으로 돌아왔습니다. 바로 사업에서 뛰어난 성공을 거두겠다는 다짐이었습니다. 그와 아버지는 가장 먼저 수중에 있는 얼마 되지 않는 돈으로 사업을 시작했습니다. 그들은 한때 아버지가 공동으로 소유했던 커다란 사업장에서 그리 멀지 않은 골목에 작은 가게를 얻었습니다. 그리고 그곳에서 지역사회에 진정한 서비스를 제공하는 사업을 시작했습니다. 얼마 지나지 않아 아들은 상상력의 효과를 본능적으로 알아채고 환상적으로 보이는 목표를 달성하기 위해 상상력을 의도적으로 사용했습니다.

매일 출퇴근길에 그는 업계에서 가장 큰 규모를 자랑하는 아버지의 이전 사업장을 지나쳤습니다. 사업장이 있던 건물은 도시 중심부에서 가장 눈에 띌 만큼 거대했습니다. 건물 외벽에는 회사 이름이 굵고 큰 글씨로 쓰인 대형 간판이 걸려 있었습니다. 그는 매일매일 그 건물을 지나치며 마음속에 품은 위대한 꿈을 구체적으로 그려나갔습니다. 그리고 '만약 이 커다란 건물을 우리 가족이 소유해서 이렇게 대형 사업장을 운영하면 얼마나 멋질까?'라고 생각했습니다.

그러던 어느 날, 그가 건물을 보며 서 있을 때 그의 상상 속에서 건물 입구에 걸린 커다란 간판에 완전히 다른 이름이 적히기 시작했습니다. 커다란 글씨로 적히고 있는 글자는 바로 그의 성이었습니다(실제 사례에는 실명을 사용하지 않습니다. 이해를 돕기 위해 여기서는 가명을 써서 그의 성을 로르다드Lordard라고 하겠습니다).

그는 'F. N. 모스 컴퍼니'라고 적힌 간판이 자신의 상상 속에서 'N. 로르다드와 아들들'이라고 한 글자씩 바뀌어가는 장면을 생생히 목격했습니다. 그는 두 눈을 크게 뜨고 간판을 뚫어지게 쳐다보며 간판에 'N. 로르다드와 아들들'이라고 적혀 있다고 상상했습니다. 하루에 두 번씩 매주, 매달, 무려 2년 동안 그는 입구에 걸린 간판에 그의 성이 적혀 있는 장면을 봤습니다. 그는 어떤 일이 진실이라고 강하게 믿으면 반드시 실현된다고 확신했습니다. 그리고 그 사업장의 소유자가 자신의 가족임을 뜻하는 자신의 성이 적힌 간판을 상상속에서 보며 언젠가 그것을 꼭 가질 것이라고 굳게 믿었습니다.

그는 상상을 이어가는 동안 자신의 행동을 딱 한 사람, 어머니에게만 털어놓았습니다. 어머니는 아들이 크게 실망할까 봐 염려하며 그를 만류했습니다. 하지만 그는 날마다 꾸준히 상상을 지속해나갔습니다.

2년 후, 그 커다란 회사가 도산했고 그가 원하던 건물이 매물로 나왔습니다. 매각이 이루어지는 날, 그는 가정의 법칙을 적용하기 시작했던 2년 전과 비교해 소유권에 가까워졌다는 느낌을 받지 못했습니다. 2년 동안 가족들은 열심히 일했고 고객들에게 전적으로 신뢰를 얻었지만 그들이 모은 돈은 건물을 사기에 턱없이 부족했습니다. 또한 필요한 돈을 대출받을 만한 방법도 마땅히 없었습니다. 게다가 그 건물은 도시에서 가장 가치 있는 부동산으로 평가되어 수많은 부유한 사업가가 매입하려고 나서는 바람에 그의 가족이 갖게 될 가능성은 더욱 희박했습니다. 매각 당일, 매우 놀랍게도 일면식도 없는 한 남성이 그의 가게로 들어와서는 그들을 위해 그 건물

을 사겠다고 제안했습니다(거래와 관련된 특별 조건 때문에 그와 가족은
입찰조차 할 수 없는 상황이었습니다).

그와 가족은 남성이 농담을 한다고 생각했습니다. 하지만 농담
이 아니었습니다. 남성은 그와 가족을 꽤 오랫동안 지켜봤으며 그들
의 능력에 감탄했고 정직성을 신뢰한다고 말했습니다. 그러면서 그
와 가족이 대규모 사업장을 운영하도록 자본을 제공하는 일이 자신
에게도 매우 합리적인 투자라고 설명했습니다. 그리고 바로 그날,
그 건물은 가족의 소유가 되었습니다. 아들이 상상 속에서 끊임없이
보던 상황이 이제 현실로 나타났습니다. 그리고 낯선 남성의 직감은
적중했습니다.

오늘날 그와 가족은 앞서 말한 사업장뿐 아니라 그들이 사는 나
라에서 가장 큰 사업체를 여럿 소유하고 있습니다. 아들은 실제로
자신의 성이 건물 입구에 적히기 훨씬 전부터 그 모습을 바라봤고
결과를 만들어내는 기술을 정확히 사용했습니다. 열망하는 것을 이
미 가진 느낌을 가정하고 상상 속에서 그 장면을 생생한 현실로 만
들고 외부 환경이나 상황에 상관없이 상상을 꾸준히 지속함으로써
그는 자신의 꿈을 필연적인 현실로 만들어냈습니다.

3.
이 이야기는 저와 상담했던 한 여인에게 일어난 뜻밖의 결말이
담긴 경험담입니다.

어느 오후, 뉴욕에서 사업을 하는 비교적 젊은 할머니가 저를 찾아왔습니다. 그녀는 펜실베이니아에서 그녀를 보러 온 아홉 살 난 손자를 함께 데려왔습니다. 그녀의 질문에 대답하며 저는 가정의 법칙과 목표 달성을 위해 따라야 하는 절차를 자세히 설명했습니다. 소년은 장난감 트럭을 만지작거리느라 정신이 팔린 듯 조용히 앉아 있었습니다. 저는 그동안 소망이 이미 이루어졌다면 그녀가 가지고 있을 의식 상태를 가정하는 방법을 알려줬습니다. 그리고 제가 군대에서 겪은 이야기를 하며 매일 밤 자려고 할 때마다 집에 있는 제 침대에 누워 있는 모습을 상상했다고 덧붙였습니다.

할머니가 손자와 함께 떠나려 하자 손자는 무척 흥분한 표정으로 저를 올려다보며 말했습니다. "제가 뭘 원하는지 알아요. 이제 어떻게 얻는지도요!" 저는 깜짝 놀라서 무엇을 원하는지 물었습니다. 소년은 강아지를 무척 키우고 싶다고 대답했습니다. 그러자 할머니는 딱 잘라 안 된다고 말하며 소년을 다그쳤습니다. 무슨 일이 있어도 강아지는 안 된다고 몇 번이나 알아듣게 설명했고 엄마나 아빠가 허락할 리 없다고도 했습니다. 더구나 소년이 너무 어려서 강아지를 잘 돌볼 수 없을뿐더러 소년의 아빠가 개라면 근처에만 가도 진저리를 친다는 말이 줄줄이 이어졌습니다.

하지만 소년은 강아지를 간절히 원한 나머지 할머니가 설명하는 모든 이유를 듣고도 아랑곳하지 않았습니다. "이제 뭘 해야 할지 알았어요. 매일 밤, 잠이 들기 직전에 제가 강아지를 키우고 있고 함께 산책하러 나가는 상상을 할 거예요." 그러자 할머니가 말했습니다. "안 돼. 네빌 선생님께서 그러라고 하신 말씀이 아니야. 너한테 하신 말씀이 아니란다. 강아지는 절대 키울 수 없어."

약 6주 후, 할머니는 그녀에게 일어난 놀라운 이야기를 제게 들려줬습니다. 소년은 간절히 강아지를 원한 나머지 제가 할머니에게 설명한 열망의 실현 방법을 모두 이해했고 마침내 강아지를 갖는 법을 알게 됐다고 굳게 믿었습니다.

소년은 믿음을 실천에 옮겼습니다. 여러 밤 동안 소년은 강아지가 침대에 올라와 자신의 옆에 누워 있는 모습을 상상했습니다. 그는 상상 속에서 강아지를 쓰다듬었고 털의 감촉을 실제로 느꼈습니다. 강아지와 놀고 산책하는 장면이 소년의 머릿속을 가득 채웠습니다.

몇 주가 지나자 상상이 현실이 되었습니다. 소년이 사는 도시의 한 신문사가 동물 사랑 주간을 맞아 특별 프로그램을 주최했습니다. 그 도시에 사는 모든 초등학생은 "왜 나는 강아지를 키우고 싶은가?"를 주제로 에세이를 써야 했습니다.

학교에서 제출한 모든 에세이의 심사가 완료된 후에 대회 우승자가 발표되었습니다. 우승자는 바로 몇 주 전에 뉴욕에 있는 제 아파트에 와서 "이제 강아지를 어떻게 얻는지 알겠어요!"라고 말했던 바로 그 소년이었습니다. 화려한 시상식에서 찍은 사진과 소년의 이야기가 신문에 실렸고 소년은 귀여운 콜리 강아지를 선물로 받았습니다.

할머니는 말을 이어나가며 소년이 돈을 받았더라면 부모가 강아지를 사주지 않고 소년을 위해 채권을 사두거나 예금 계좌에 저축했을 것이라고 덧붙였습니다. 게다가 누군가 소년에게 강아지를 선물했다면 부모는 선물을 거절하거나 다른 사람에게 강아지를 줬을 것이 틀림없다고도 했습니다.

하지만 소년은 극적인 방식으로 강아지를 얻었습니다. 도시 전역에서 개최한 대회에서 우승했고 이야기와 사진이 신문에 실렸고 스스로 성취에 대한 자부심과 기쁨을 느낀 모든 상황이 결합해 결국 부모의 마음을 돌렸습니다. 부모는 가능하다고 생각지도 않았던 일을 했습니다. 바로 소년이 강아지를 키우도록 허락한 것입니다.

이 모든 이야기를 들려준 뒤 할머니는 이렇게 끝을 맺었습니다. 소년이 특별히 마음에 둔 강아지 종이 하나 있었다고 합니다. 바로 콜리였습니다.

4.

이 이야기는 사연에 등장하는 이모가 제 강연이 끝날 때쯤 청중에게 들려준 경험담입니다.

가정의 법칙에 대한 강연을 마무리하며 이어진 질문 시간에 제 강연에 많이 참석했고 제게 여러 차례 개인 상담을 받았던 한 여성이 가정의 법칙을 성공적으로 사용한 경험담을 공유해도 되는지 손을 들어 허락을 구했습니다.

지난주, 강연을 듣고 집에 돌아간 그녀는 조카딸이 커다란 상심에 빠져 몹시 괴로워하는 모습을 마주했다고 운을 떼었습니다. 조카사위는 애틀랜틱시티에 주둔 중인 공군 장교인데, 부대원들과 함께 유럽에 가서 현역 복무를 하라는 명령을 막 받은 참이었습니다. 조카딸은 남편이 플로리다에 교관으로 배치되기를 바랐기 때문에 더욱 괴롭고 속상하다고 울먹이며 말했습니다.

부부는 둘 다 플로리다를 매우 좋아했고 그곳에 배치되어 서로 떨어지지 않기를 간절히 바라고 있었습니다. 이모는 이야기를 듣자마자 지금 할 수 있는 일은 단 하나, 바로 가정의 법칙을 즉시 적용하는 것이라고 말했습니다.

"꿈을 실현해보자! 네가 실제로 플로리다에 있다면, 무엇을 하겠니? 따뜻한 바람을 느끼겠지. 소금기를 머금은 바다 내음도 맡을 거란다. 발가락이 모래 속으로 파고드는 감각도 느껴질 거야. 지금 당장 이 모든 것을 해보자꾸나."

그들은 신발을 벗고 불을 끈 다음 상상 속에서 그들이 실제로 플로리다에 있다고 가정한 뒤, 그곳에서 살랑이는 따뜻한 바람을 맞고 신선한 바다 내음을 음미하며 발가락 사이를 파고드는 모래의 까끌까끌한 감촉을 생생히 느꼈습니다.

48시간 후, 조카사위는 명령 변경 통보를 받았습니다. 새로운 지시 사항에 따라 그는 즉시 플로리다로 이동해 공군 교관으로 복무해야 했습니다. 5일 후, 아내는 남편을 만나기 위해 기차에 올랐습니다. 이모는 플로리다에 가지 않고 조카딸의 바람이 이루어지도록 함께 필요한 의식 상태를 가정하며 도왔습니다. 그것은 이모의 열망이 아니라 조카딸의 강렬한 염원이었기 때문입니다.

5.
이 사례는 가정의 법칙을 적용하고 눈에 보이는 결과가 나타나는 데 짧은 시간이 걸렸기 때문에 특히 흥미롭습니다.

매우 유명한 여성이 깊은 고민을 안고 저를 찾아왔습니다. 그녀는 도시의 매우 멋진 아파트와 커다란 시골 별장을 소유하고 있었습니다. 하지만 여기저기 돈 들어갈 데가 많은 데 비해 그녀의 수입은 그다지 크지 않아서 가족과 함께 여름 동안 별장에서 지내려면 아파트의 임대 계약이 꼭 이루어져야 했습니다.

아파트의 경우 일반적으로 이른 봄이면 어렵지 않게 임대되었지만 그녀가 저를 찾아온 여름 무렵에는 임대 계약 철이 끝나 있었습니다. 최고의 부동산 중개인들이 수개월 동안 그녀의 아파트 임대를 담당했지만 아무도 관심을 보이지 않았고 심지어 보러오는 사람조차 없었습니다.

그녀가 곤란한 심경을 토로하자 저는 어떻게 가정의 법칙을 문제 해결에 적용할 수 있는지 설명했습니다. 그리고 곧장 입주를 원하는 사람에게 아파트가 임대되었다고 상상하고 그것을 사실이라 가정하면 실제로 임대될 것이라고 조언했습니다. 아파트가 이미 임대되었다는 사실을 자연스럽고 당연하게 느끼기 위해 당장 오늘 밤 잠자리에 들 때 아파트가 갑자기 임대된다면 그녀가 머무를 만한 곳에서 자는 상상을 하라고 권유했습니다. 그녀는 그 생각을 재빨리 이해했습니다. 그리고 만약 그런 상황이라면 아직 시골 별장의 여름맞이 준비를 마치지 않았더라도 별장에서 잘 것이라고 대답했습니다.

그녀의 상담은 목요일에 진행되었습니다. 토요일 아침 9시에 그녀는 시골 별장에서 들뜨고 행복한 목소리로 제게 전화를 걸었습니다.

목요일 밤, 그녀는 잠자리에 들어가 도시 아파트에서 꽤 멀리 떨어진 시골 별장의 침대에서 자는 상상을 하며 생생한 감각을 느꼈습니다. 이튿날인 금요일, 그녀의 모든 요구 사항을 충족하는 책임감 있는 사람이 나타나 아파트에 큰 관심을 보였습니다. 그녀는 그가 그날 바로 입주하는 조건으로 아파트를 임대했다고 전했습니다.

6.

이 이야기는 극적인 상황에서 원하는 결과를 얻을 수 있었던 사례입니다. 이 또한 오직 가정의 법칙을 완전하고 강렬하게 사용했기 때문일 것입니다.

4년 전, 우리 가족과 잘 알고 지내는 친구 중 한 명이 제게 살날이 얼마 남지 않은 그의 스물여덟 살 된 아들과 대화를 해달라고 부탁했습니다.

그의 아들은 심장에 손상을 가하는 희귀한 심장병에 걸려 고통받고 있었습니다. 시간과 비용이 많이 드는 의학적 치료를 받았지만 소용이 없었습니다. 의사들도 회복 가능성을 전혀 기대하지 않았습니다. 그는 오랫동안 침대에 누워 지냈습니다. 몸은 거의 뼈가 보일 정도로 앙상했고 그는 말하거나 숨 쉬는 것조차 매우 힘겨워했습니다. 그는 아내와 어린 두 자녀와 살고 있었고 제가 방문해 그와 대화하는 내내 아내가 옆에서 자리를 지켰습니다.

저는 그에게 어떤 문제든 해결책은 단 한 가지, 바로 태도를 바꾸는 것이라고 말했습니다. 그가 말하는 것을 매우 힘겨워했기에 저는 제 말을 정확히 이해했다면 대답하는 대신 고개를 끄덕이라고 요청했고 그는 그렇게 하겠다고 했습니다.

저는 의식의 법칙에 내재한 근원적 사실, 즉 의식만이 유일한 현실이라는 점을 설명했습니다. 또한 눈앞의 상황을 바꾸는 방법은 그 상황에 대한 의식 상태를 바꾸는 것이라고 덧붙였습니다. 그가 이미 건강을 회복한 느낌을 가정하도록 돕기 위해 저는 상상 속에서 의사의 얼굴을 떠올리라고 제안했습니다. 그의 상상 속에서 의사는 그가 난치병 말기에서 회복했다는 사실에 대해 믿을 수 없을 정도라며 놀라움을 금치 못했습니다. 의사는 흥분한 표정을 지으며 검사 결과를 반복해서 확인했고 "기적이에요, 이건 기적입니다!"를 거듭 외쳤습니다.

그는 제가 말한 내용을 명확히 이해했을 뿐 아니라 절대적으로 믿었습니다. 그는 모든 절차를 충실히 따르겠다고 약속했습니다. 대화를 열중해서 듣고 있던 그의 아내도 남편처럼 가정의 법칙과 상상력을 꾸준히 사용하겠다고 굳게 다짐했습니다. 다음 날, 저는 뉴욕으로 향하는 배에 올랐습니다. 모두 제가 열대지방에서 겨울 휴가를 보내던 중에 일어난 일입니다.

몇 달 후, 저는 편지를 한 통 받았습니다. 그 아들이 기적적으로 회복되었다는 내용이었습니다. 두 번째 방문에서 저는 그를 마주하고 목소리를 들으며 직접 대화를 나눴습니다. 그는 건강을 완벽히 회복했고 적극적으로 일하며 가족과 친구들과 함께 활발한 사회 활동을 즐기고 있었습니다.

그는 제가 떠난 날부터 가정의 법칙이 효과가 있을 것이라는 사실을 절대 의심하지 않았다고 말했습니다. 그는 제 조언을 얼마나 충실히 따랐고 어떻게 매일매일 자신이 이미 건강하고 강하다는 가정 속에서 완벽히 살아갔는지 설명했습니다.

그가 회복한 지 이제 4년이 흘렀습니다. 그는 자신이 오늘날 여기에 있는 유일한 이유는 바로 가정의 법칙을 성공적으로 사용했기 때문이라고 확신합니다.

7.
이 이야기는 뉴욕에서 활동하는 한 기업의 임원이 가정의 법칙을 성공적으로 사용한 사례입니다.

1950년 가을, 유명한 은행의 임원이 자신이 처한 심각한 문제를 제게 털어놓았습니다. 그는 이 회사에서 더 성장하고 발전할 수 있을지 매우 불투명하다고 토로했습니다. 그는 자신이 중년에 접어들었고 지위와 수입에서 뚜렷이 향상된 대우를 받을 만하다고 생각했습니다. 그래서 상사들에게 요구 사항을 터놓고 말했지만 그들은 어떤 두드러진 개선도 불가능하다고 솔직히 답하며 불만이 있으면 다른 직장을 찾아봐도 괜찮다고 넌지시 말했습니다. 이 말은 당연히 그의 불안감만 부추겼습니다.

　그는 저와 이야기하며 큰돈을 벌고 싶은 욕망은 없지만 집을 편안히 유지하고 아이들을 좋은 사립 고등학교와 대학에 보내기 위해서는 상당한 수입이 필요하다고 설명했습니다. 하지만 현재 수입으로는 불가능했습니다. 지금 다니는 은행이 가까운 미래에 어떤 승진도 보장하지 않자 그는 불만에 휩싸였고 상당한 수입을 약속하는 더 나은 자리를 얻고 싶다는 강한 열망을 느꼈습니다. 그는 세상 어떤 일보다도 재단이나 대학교처럼 대규모 기관의 투자 자금을 관리하는 일을 하고 싶다고 제게 털어놓았습니다.

　저는 가정의 법칙을 설명하며 현재 상황은 그저 자신이 가진 관념이 구현된 결과에 불과하고 자신이 처한 상황을 바꾸고 싶다면 자기 관념을 바꾸면 된다고 분명히 밝혔습니다. 의식의 변화를 일으켜 상황을 바꾸기 위해 저는 그에게 매일 밤 잠들기 전에 이 절차를 따르라고 당부했습니다.

상상 속에서 그는 삶에서 가장 중요하고 성공적인 하루를 마쳤다고 느껴야 했습니다. 그는 바로 그날, 정확히 자신이 원하는 직책을 맡으며 그동안 열망했던 단체에 합류하는 계약을 완료했다고 상상해야 했습니다.

저는 그에게 그 느낌으로 마음을 가득 채우는 데 성공하면 분명 안도감이 찾아올 것이라고 말했습니다. 이러한 감정 속에서 그의 불안과 불만은 과거의 일이 되며 그는 열망이 실현된 상태에서 비롯된 만족감에 빠져들 것입니다. 저는 그에게 모든 절차를 충실히 따르고 실천하면 분명 원하는 직책을 얻을 것이라고 장담하며 대화를 마무리했습니다.

이때가 12월 첫째 주였습니다. 매일 밤, 그는 예외 없이 모든 절차를 따랐습니다. 2월 초, 세계에서 가장 부유한 재단에 속하는 한 단체의 이사가 그에게 재단의 투자 업무를 담당하는 임원직에 관심이 있는지 물었습니다. 짧은 논의 끝에 그는 이 제안을 받아들였습니다. 오늘날, 그는 월등히 더 높은 수입과 꾸준한 발전이 보장된 곳에서 자신이 원했던 직책보다 훨씬 더 높은 위치에서 일하고 있습니다.

8.

이 이야기의 남편과 아내는 수년 동안 제 강연에 참석해왔습니다. 이 이야기는 두 사람이 같은 목표에 동시에 집중하며 가정의 법칙을 의식적으로 활용한 흥미로운 사례입니다.

부부는 서로 매우 헌신적이었습니다. 그들의 삶은 완전히 행복했고 그들은 어떤 문제나 좌절도 겪지 않았습니다. 한동안 두 사람은 더 넓은 아파트로 이사할 계획을 세우고 있었습니다. 생각하면 할수록 자신들의 마음을 정말 이끄는 집은 아름다운 펜트하우스라는 사실을 깨달았습니다. 저와 함께 이야기를 나누며 남편은 빼어난 경치를 바라볼 수 있는 커다란 창문이 있으면 좋겠다고 말했습니다. 아내는 천장에서부터 바닥까지 거울로 이루어진 벽 한 면을 갖길 바란다고 했습니다. 둘 다 장작을 태울 수 있는 벽난로를 꿈꾸었습니다. 또 '반드시' 뉴욕에 있는 아파트여야만 했습니다.

그들은 몇 달 동안 자신들이 꿈꾸는 아파트를 찾아 헤맸지만 헛수고였습니다. 사실 당시 뉴욕에서는 어떤 종류의 아파트라도 구하기가 거의 하늘의 별 따기였습니다. 아파트는 매우 부족했으며 대기자 명단이 있을 뿐만 아니라 웃돈을 주거나 가구를 구매해야 하는 등 온갖 특별 거래 조건이 뒤따랐습니다. 심지어 새 아파트는 완공되기도 훨씬 전에 계약이 체결되었고 대부분 설계 도면만 나온 단계에서 임대되었습니다.

몇 달 동안 별 소득 없이 매물만 찾던 끝에 부부는 초봄 무렵 진지하게 계약을 고려할 만한 아파트를 마침내 발견했습니다. 센트럴파크와 마주한 5번가 북쪽에 있는 펜트하우스로 완공 단계에 다다른 상태였습니다. 하지만 이 아파트에는 한 가지 커다란 단점이 있었습니다. 신축 건물에는 임대료 규제가 적용되지 않았기 때문에 부부는 지나치게 부담스러운 연간 임대료를 내야 했습니다. 사실 그들이 생각했던 예산보다 매년 수천 달러를 더 내야 하는 상황이었습니다.

3, 4월을 보내며 부부는 도시 전역의 여러 펜트하우스를 줄곧 찾아봤지만 늘 5번가 북쪽에 있는 아파트로 되돌아왔습니다. 마침내 그들은 지불할 금액을 대폭 늘리기로 하고 소유주가 거래를 고려할 수 있도록 제안을 전달해달라고 건물 중개인에게 요청했습니다. 바로 이 시점부터 그들은 서로 이야기하지 않고 각자 가정의 법칙을 적용하기로 했습니다. 나중에야 그들은 서로 무엇을 했는지 알게 되었습니다.

매일 밤, 그들은 이사를 원하는 그 아파트에서 잠드는 상상을 했습니다. 남편은 눈을 감고 누워 침실 창문 밖으로 공원이 훤히 내려다보이는 모습을 떠올렸습니다. 그는 아침에 가장 먼저 창가로 가서 풍경을 즐기는 자신의 모습을 그렸습니다. 테라스에 앉아 공원을 내려다보며 아내와 친구들과 함께 칵테일을 마셨고 모두 그 순간을 흠뻑 즐겼습니다.

그는 펜트하우스에 살며 테라스를 즐기는 느낌으로 자신의 마음을 가득 채웠습니다. 그러는 내내 남편은 알지 못했지만 아내도 똑같은 일을 하고 있었습니다. 소유주 쪽에서 어떤 결정도 하지 않은 채 몇 주가 흘렀지만, 그들은 매일 밤 실제로 펜트하우스에서 자고 있다는 상상을 이어나갔습니다.

어느 날, 정말 놀랍게도 그들이 사는 아파트 건물의 한 직원이 그 펜트하우스가 비어 있다는 사실을 부부에게 알려줬습니다. 부부는 어안이 벙벙했습니다. 그 아파트는 센트럴파크 바로 옆에 있고 완벽한 입지를 자랑해서 시내에서 가장 인기 있는 건물 중 하나였기 때문입니다. 물론 그 아파트를 사려는 사람들의 대기 명단은 매우 길었습니다. 알고 보니 아파트 관리부는 신청자를 검토할 권한이 없었기에 펜트하우스가 예상치 못하게 비게 된 사실을 함구했던 것입니다.

부부는 펜트하우스가 비어 있다는 사실을 알자마자 즉시 임대를 요청했습니다. 그러나 돌아온 대답은 불가능하다는 말뿐이었습니다. 사실 펜트하우스의 대기 명단에 이름을 올려놓은 사람이 여럿일 뿐만 아니라 한 가족에게 그 아파트를 임대하기로 약속까지 되어 있었기 때문입니다. 그렇지만 부부는 관리부와 여러 차례 만나 면담했고 결국 그 아파트를 임대하게 되었습니다.

이제 그 건물은 임대료 규제를 적용받았고 부부가 내야 할 임대료는 펜트하우스를 처음 알아볼 때 계획했던 금액과 얼추 비슷했습니다. 아파트의 입지와 건물 자체, 남쪽과 서쪽과 북쪽에 걸친 넓은 테라스까지 모든 것이 그들의 기대를 뛰어넘었습니다. 거실 한쪽 면에는 대략 가로 4미터, 세로 2미터에 달하는 거대한 창문이 센트럴파크의 근사한 풍경을 담고 있었습니다. 한쪽 벽은 천장에서부터 바닥까지 거울로 덮여 있었으며 장작을 태울 수 있는 벽난로도 있었습니다.

7 장

나를 구속하는 것들
로부터 벗어나기

가정의 법칙을 시도했을 때 실패하는 경우를 다루지 않는다면
이 책은 완전하지 않을 것입니다. 당신이 가정의 법칙을 적용하다
가 수많은 실패를 경험했거나 앞으로 실패하게 될 가능성은 얼마든
지 있습니다. 특히 정말 중요한 문제에서 실패를 겪는 경우가 대다
수입니다.

이 책을 읽고 가정의 법칙을 적용하는 방법과 작동 원리를 철저
히 이해한 뒤 강렬한 열망을 실현하기 위해 법칙을 충실히 적용하
다가 실패한다면 그 원인은 무엇일까요? "충분히 지속했습니까?"라
는 질문에 당신이 "네, 그렇습니다"라고 답할 수 있더라도 당신의
열망이 여전히 이루어지지 않았다면 과연 실패 원인은 어디에 있을

까요?

이 질문에 대한 답이 가정의 법칙을 성공적으로 사용할 때 가장 중요한 요소로 작용합니다. 가정이 현실이 되는 시간, 즉 열망이 실현되는 데 걸리는 시간은 당신이 이미 열망하는 존재가 되었고 원하는 것을 갖고 있다는 느낌을 얼마나 자연스럽게 느끼는지와 정확히 비례합니다. 이때 실패 원인은 바로 상상 속 자신의 모습이 자연스럽게 느껴지지 않는다는 것입니다.

당신의 열망이 무엇이고 당신이 가정의 법칙을 얼마나 충실하고 영리하게 따르는지와는 상관없이 원하는 모습을 자연스럽게 느끼지 못한다면 당신은 그 상태에 다다를 수 없을 것입니다. 더 나은 직업을 얻는 일이 자연스럽게 느껴지지 않으면 더 나은 직업을 얻지 못할 것입니다. 열망을 실현하는 과정과 실패 원인의 전반적 원리가 성경 구절에 분명히 표현되어 있습니다. "여러분은 여러분의 죄 안에서 죽습니다."(요한복음 8:24) 이 말은 당신이 현재 상태에서 열망하는 상태로 초월하지 못한다는 의미입니다. 그렇다면 어떻게 해야 자연스럽게 느낄 수 있을까요? 비결은 한 단어, 바로 상상력에 있습니다.

매우 간단한 예시를 들겠습니다. 당신이 커다랗고 무거운 철제 의자에 단단히 묶여 있다고 가정해보십시오. 당신은 달릴 수 없으며 사실 걷는 일조차 불가능한 지경입니다. 이러한 상황에서 달리기는 자연스럽지 않으며 당신 역시 그것을 자연스럽게 여기지 않을 것입니다. 하지만 달리는 모습을 상상하는 일은 쉽습니다. 그 순간, 당신의 의식은 상상 속에서 달리는 장면으로 가득 차고 당신은 묶여 있다는 사실을 잊어버립니다. 상상 속에서 당신의 달리기는 완벽히 자연스러웠습니다.

자연스러운 느낌은 원하는 상상으로 의식을 채워나가는 일을 꾸준히 실행함으로써 얻을 수 있습니다. 자신이 원하는 존재가 되었거나 원하는 것을 가졌다고 상상하십시오. 발전은 오직 당신의 상상에서 시작될 수 있으며 현재 수준을 초월하려는 당신의 열망이 바로 그 원천입니다. 당신이 진정으로, 문자 그대로 느껴야만 하는 것은 상상력과 함께 모든 것이 가능하다는 사실입니다.

변화는 변덕스러운 행동 때문이 아니라 의식이 변화하면서 일어난다는 사실을 깨달으십시오. 당신은 열망하는 결과를 얻기 위해 꼭 필요한 의식 상태를 얻거나 유지하는 일에 실패할지 모릅니다. 하지만 의식이 유일한 현실이며 당신의 특정한 세계를 창조하는 오직 한 분뿐인 창조주라는 진리를 당신의 전체 자아에 깊게 새겨 놓으면 성공이나 실패가 전적으로 당신의 손에 달려 있다는 점을 알게 될 것입니다.

당신이 특정 상황에 필요한 의식 상태를 충분히 유지할 만큼 훈련이 되어 있든 그렇지 않든, 그 사실은 법칙의 진실성에 영향을 미치지 않습니다. 가정을 계속해서 유지한다면 사실로 굳어질 것입니다.

큰 실망과 비극을 겪더라도 법칙의 진실성을 계속 확신하십시오. 심지어 "인생의 빛이 꺼지고 세상은 여전히 낮인 듯 계속 흘러가는 것처럼 보일 때"도 확신을 지속해야 합니다. 당신의 가정이 실현되지 않았다고 해서 가정의 실현은 거짓이라는 말을 믿어서는 안 됩니다. 가정이 실현되지 않는다면 그 이유는 당신의 의식 속에 어떤 오류나 약점이 있기 때문입니다. 하지만 오류와 약점은 극복할 수 있습니다.

그러므로 당신이 이미 자신이 원하는 사람이 되었다고 느끼면서 점점 더 높은 수준을 달성하기 위해 나아가십시오. 그리고 가정이 현실이 되는 데 걸리는 시간은 가정을 자연스럽게 느끼는 정도에 비례한다는 점을 기억하십시오.

사람은 진정한 자기 모습에 걸맞은 주변 환경을 스스로 만듭니다.

"모든 영혼은 스스로 집을 짓습니다. 그 집 너머에는 세상이 있고, 세상 너머에는 천국이 있습니다. 그러므로 세상이 당신을 위해 존재한다는 사실을 깨달으십시오. 당신이 경험하는 현상은 당신에게 완벽히 알맞습니다. 우리가 무엇인지에 따라 우리는 그만큼만 볼 수 있습니다. 아담이 가졌던 모든 것과 카이사르가 할 수 있었던 모든 것을 당신도 가지고 있으며 할 수 있습니다. 자신의 집을 아담은 '하늘과 땅'이라고 불렀고, 카이사르는 '로마'라고 불렀습니다. 당신은 아마도 구두 수선공이라는 직업, 12만 평에 달하는 땅, 또

는 학자의 작은 다락방을 당신의 집이라 부를지 모릅니다. 하지만 하나씩 차근차근 따져보면 비록 엄청난 명성은 없더라도 당신의 지배력 또한 아담과 카이사르만큼 큽니다. 그러므로 당신만의 세상을 만드십시오."

— 랠프 월도 에머슨Ralph Waldo Emerson●, 『자연Nature』

당신의 삶을 마음속 순수한 생각에 빠르게 맞춰나갈수록 생각은 자신의 커다란 모습을 세상에 드러낼 것입니다.

● 미국의 시인이자 사상가로서 진리를 깨닫기 위해 정신과 직관의 중요성을 강조했습니다.

8장

소원을 이룬 자신을 상상하라

자기 관념을 바꾼 이후에 당신 삶에 일어나는 변화를 보며 깨닫지 못한 사람들은 의식의 변화 때문이 아니라 운, 외부 요인, 또는 우연이 영향을 미친 결과라고 생각합니다.

하지만 당신의 삶을 지배하는 단 하나의 운명은 당신이 스스로 만든 관념과 가정에 의해 결정됩니다. 가정은 거짓일지라도 당신이 끈질기게 고집하면 사실로 굳어지기 때문입니다.

당신이 찾고 희망하는 이상은 이미 이루어졌다고 상상하기 전까지는 스스로 모습을 드러내지도, 당신에 의해 실현되지도 않을 것입니다. 당신에게 주어진 상황을 해결할 유일한 방법은 자신의 근본적 심리 변화를 경험하는 것입니다. 즉, 소원이 이루어졌을 때의 느낌을 가정해야 합니다. 그러므로 결과나 성취를 척도로 삼아 상상력을 활용하는 당신의 능력을 엄격히 시험해보십시오. 모든 것은 나를 향한 나의 태도에 달려 있습니다.

당신은 진정한 자신이라고 스스로 확언하지 않은 모습을 세상에 드러낼 수 없습니다. 자신에 대한 확언만이 당신의 목표를 실현하는 필수 조건이기 때문입니다.

모든 변화의 근원에는 암시가 있고 암시는 당신이 완전히 영향력을 받아들이는 곳에서만 작용할 수 있습니다. 당신은 사랑에 깊이 빠진 사람처럼 이상에 자신을 남김없이 내맡겨야 합니다. 자신을 온전히 버리고 내맡겨야 이상과 하나가 될 수 있기 때문입니다.

당신은 소원이 이루어졌을 때의 느낌을 가정해 받아들인 뒤, 그 느낌이 분명한 현실처럼 생생한 감각으로 다가올 때까지 계속해서 음미해야 합니다. 열망하는 상태를 이미 경험하고 있다고 상상하십시오. 다시 말해 당신이 그 느낌에 오롯이 사로잡혀 그 감각이 의식 안에 있는 다른 모든 생각을 밀어낼 때까지 열망이 성취된 느낌을 실감하십시오.

꿈을 실현하는 유일한 방법이 믿음이라고 확신하며 소원이 성취되었다는 가정을 향해 의식적으로 도약하지 않는 사람은 가정의 법칙에 따라 의식적으로 살아갈 준비가 되지 않았습니다. 하지만 그가 무의식적인 가정에 법칙에 따라 살고 있다는 사실은 분명합니다. 가정의 법칙을 수용하고 소원이 이미 이루어졌다는 의식적 가정에 따라 살 준비가 된 당신에게는 삶의 모험이 시작됩니다.

더욱 고귀한 존재가 되려면 더욱 고귀한 자기 관념을 가정해야 합니다. 만약 당신이 되고 싶은 그 존재가 바로 자신이라고 믿지 않으면 당신은 현재 상태에 그대로 머물게 됩니다. 소원이 이루어진 느낌을 충실하고 체계적으로 키워나감으로써 열망은 스스로 실현을 약속합니다. 그 느낌을 가정하고 실감하는 행동은 미래의 꿈을 현재의 사실로 만듭니다.

9장

가능성을
현실로 바꾸는 힘

삶에 펼쳐지는 드라마는 당신의 가정이 삶의 모든 조건, 상황, 사건을 일으켜 만들어낸 심리적 산물입니다.

당신의 가정이 삶의 향방을 결정합니다. 따라서 당신이 가정에 끌려다니는 노예인지, 아니면 가정을 지배하는 주인인지 깨달아야만 합니다. 가정의 주인이 된다는 말은 꿈도 꾸지 못했던 자유와 행복의 열쇠를 갖는다는 뜻입니다.

주인의 지배권을 얻고자 한다면 당신의 상상력을 의식적으로 정교히 통제해야 합니다. 다음과 같이 가정을 확립해나가십시오.

열망하는 상태나 되고 싶은 사람의 이미지를 머릿속에 그리십시오. 이미 그 사람이 되었다는 느낌에 주의를 집중하십시오. 다시 말해 먼저 의식 속에서 그 모습을 시각화해야 합니다. 그런 다음 열망하는 상태가 당신을 둘러싼 세계를 실제로 형성하고 있는 것처럼 그 안에 속한 자신을 느끼십시오. 그러면 당신의 상상력을 통해 한낱 머릿속 이미지가 눈에 보이는 확고한 현실로 변화합니다.

상상력을 통제하고 집중력을 한결같이 유지하는 것이 결정적 비결입니다. 당신은 이루고 싶은 목표를 향해 흔들림 없이 반복적으로 주의를 기울여야 합니다.

머릿속에서 이상을 창조하고 이미 그 이상을 이루었다고 가정해야 합니다. 그렇게 해야 자신과 이상을 동일시하고 마침내 이상적 상태로 변모할 수 있습니다. 이 과정의 중요성은 아무리 강조해도 지나치지 않습니다. '이상을' 생각하지 말고 '이상에서부터' 생각하십시오. 모든 상태는 그것을 생각하는 한 그저 '단순한 가능성'에 그치지만 그것에서부터 생각하면 '압도적 현실'이 됩니다.

고대의 스승들은 이 방식을 "하느님의 뜻을 향한 복종" 또는 "주님 안에서 내려놓음"이라고 불렀습니다. 누가 진정으로 주님께 내려놓았는지 확인하는 방법은 한 가지입니다. 주님께 내려놓은 모든 사람은 그들이 내려놓은 이미지대로 반드시 변화합니다. 그들은 내려놓으며 소원이 이루어진 상태에서부터 생각했습니다.

당신은 내려놓은 뜻에 따라 변화합니다. 당신이 내려놓은 뜻이란 진실이라고 동의하고 받아들인 모든 것과 자기 관념을 의미합니다. 소원이 성취된 느낌을 가정하고 그 안에 계속 머물면 당신은 그 상태에 걸맞은 결과를 스스로 얻게 됩니다. 그러나 그렇게 하지 않으면, 결과는 언제나 당신을 비껴갑니다. 상상력 안에 구원의 역할이 있다는 사실을 이해할 때, 당신은 모든 문제를 해결할 열쇠를 쥐게 됩니다.

삶의 모든 국면은 상상력이 작용한 결과입니다. 확고한 상상력만이 당신이 앞으로 나아가고 꿈을 이루는 수단입니다. 상상력은 모든 창조의 시작이자 끝입니다. 상상력의 주인이 되어 꾸준히 집중하는 것이 가장 중요한 비결입니다. 당신은 소원이 성취된 느낌이 마음을 가득 채워 의식의 다른 모든 생각을 몰아낼 때까지, 그 느낌에 아무런 흔들림 없이 반복적으로 집중해야 합니다.

"당신을 자유롭게 할 진리"(요한복음 8:32)를 들을 수만 있다면 이보다 더 큰 선물이 어디 있겠습니까? 당신이 현실에서 겪길 원하는 상황을 상상 속에서 경험할 수 있다는 점, 그리고 그 상상을 지속함으로써 당신의 열망이 실제 현실에서 이루어진다는 사실이 바로 "당신을 자유롭게 할 진리"입니다.

당신이 가로막히는 이유는 상상력을 다스리지 못하고 소원이 이루어진 느낌에 충분히 집중하지 못하기 때문입니다. 상상력을 통제하는 데 실패하고 소원이 성취된 느낌에 꾸준히 주의를 기울이지 못하면 아무리 많이 기도하거나 경건한 행동을 하거나 간청하더라도 원하는 결과를 얻을 수 없을 것입니다.

당신이 원하는 이미지가 무엇이든 마음대로 떠올리고 상상 속에서 펼쳐진 모습이 실제 자연의 모습처럼 선명히 느껴질 때 당신은 운명의 주인이 됩니다.

더는 생각과 돈과 시간을 낭비해서는 안 됩니다. 삶의 모든 것은 이득이 따르는 투자여야 합니다.

아름다움과 찬란함을 눈에 그리고
오래전 잃어버린 옛 존재를 세워
소리를 듣고 얼굴을 보고 목소리를 나눈다
사차원의 공간에서
무한한 우주를 거쳐
우리의 생각은 번개처럼 달려가니
어떤 이는 상상력이라 부르고
다른 이는 신이라 부르네

— 조지 W. 캐리 George W. Carey, 「새로운 이름 The New Name」

10 장

목표를 향한 내면의 힘을 키우는 연습

"두 마음을 품은 사람은 자신의 모든 길에서 불안정합니다."(야고보서 1:8) 집중력은 초점이 얼마나 좁은지에 따라, 즉 하나의 생각이나 감각에 얼마나 몰두하는지에 비례해서 강력해집니다. 당신이 한 가지만 바라보며 흔들리지 않고 강력히 집중하려면 마음을 조정해야만 합니다. 집중력은 여러 곳에 퍼지지 않고 한정되어야 꾸준히 유지되고 더욱 강해집니다. 독점적으로 주의가 집중된 열망은 언제나 자신을 실현합니다. 생각이 가진 힘은 주의가 얼마나 집중되었는지에 비례하여 커지기 때문입니다.

집중해서 관찰하는 행동은 특정한 목적에서 비롯되어 그 목적을 향해 초점을 맞추는 주의 깊은 태도입니다. 주의 깊게 행동하려면 선택해야 합니다. 주의를 기울인다는 말은 당신이 다른 것이 아닌 특정한 대상이나 상태를 선택해 집중하겠다는 결정을 의미하기 때문입니다. 그러므로 뭔가를 원한다면 소원이 이루어진 느낌에 의도적으로 주의를 기울여 이 느낌이 당신의 마음을 가득 채우고 의식에서 다른 모든 생각을 몰아낼 수 있도록 지속해야 합니다.

집중력은 내면의 힘을 나타내는 지표입니다. 한 가지 대상을 집중해서 관찰하면 다른 것들이 배제되고 사라집니다. 성공의 핵심 비결은 어떤 방해도 허용하지 않고 소원이 이루어진 느낌에 주의를 집중하는 것입니다. 모든 진보는 집중력의 증대에 달려 있습니다. 당신의 의식을 지배하고 주의를 사로잡은 생각이 행동을 이끕니다. 다른 모든 것에서 주의를 거두게 만든 생각만이 행동으로 분출되기 때문입니다.

"이 한 가지를 내가 하니, 뒤에 있는 것을 잊어버리고 앞에 있는 목표를 향해 돌진합니다."(빌립보서 3:13-14) 이 구절은 당신에게 해당합니다. 당신이 할 수 있는 한 가지는 "뒤에 있는 것을 잊어버리는" 일입니다. 당신은 소원이 이루어진 느낌을 생생히 실감하며 마음을 채우는 목표를 향해 돌진할 수 있습니다.

깨닫지 못한 사람들은 이 말을 모두 공상으로 여기겠지만 모든 발전은 기존의 관점을 따르지 않고 세상을 있는 그대로 받아들이지 않은 사람들에게서 시작됩니다. 앞에서 말했듯이 당신이 원하는 것을 상상할 수 있고 당신의 생각이 자연의 모습처럼 선명하다면 당신은 상상력의 힘 덕분에 운명의 주인이 됩니다.

상상력은 바로 당신 자체이며, 상상력이 보는 세상이 진정한 세상입니다. 하지만 당신이 관찰되는 사건의 흐름을 성공적으로 바꾸고 집중력의 움직임을 지배하려고 나설 때, 이 사실을 깨닫게 될 것입니다. 당신은 상상력을 거의 통제하지 못하고 있으며, 상상력을 지배하고 있는 것은 감각이 주는 인상과 무의미한 기분의 변화라는 사실입니다.

집중력을 완전히 통제하고 싶다면 이렇게 연습하십시오. 매일 밤, 잠들기 직전에 하루 동안의 활동을 거꾸로 되짚으며 활동 하나하나에 주의를 기울이려 애쓰십시오. 먼저 당신이 가장 마지막으로 한 일인 침대로 들어온 일에 집중하십시오. 그다음 시간을 거슬러 모든 활동을 거쳐 그날 가장 첫 번째로 한 일인 침대에서 일어난 일까지 주의를 기울이십시오. 이 훈련은 쉽지 않습니다. 하지만 특정한 운동이 특정한 근육을 발달시키는 데 커다란 도움이 되듯이, 이 훈련 또한 집중력 '근육'을 키우는 데 큰 도움이 될 것입니다.

자기 관념을 성공적으로 바꾸고 이어서 미래까지 변화시키고자 한다면 주의력을 개발하고 통제하고 집중해야 합니다. 상상력은 무엇이든 가능하게 하지만 오직 당신의 집중력이 가리키는 내부 방향만을 따라서 작용합니다. 매일 밤 이 훈련을 지속하면 언젠가 당신 안에서 힘의 중심이 깨어나고 당신은 더 큰 자아인 진정한 자신을 자각하게 될 것입니다.

집중력은 반복되는 연습 또는 습관을 통해 강화됩니다. 습관이 생기면 집중은 더욱 쉬워지고 머지않아 집중의 기술이나 쓰임이 발달해 더욱 중요한 일도 해낼 수 있습니다.

내면에서 집중력이 향하는 방향을 통제하게 되면, 당신은 더는 얕은 물에 머물지 않고 삶의 깊은 물속을 항해하게 될 것입니다. 당신은 땅보다 더 단단한 토대 위를 걷듯이, 소원이 이루어졌다는 가정 안에서 걸어나갈 것입니다.

11장

현실에 대한
불만을 잊어버려라

프린스턴 대학의 메를 로런스Merle Lawrence 박사와 다트머스 대학의 애들버트 에임스Adelbert Ames 교수가 뉴햄프셔주 해노버에 있는 애들버트의 심리학 연구실에서 진행한 여러 실험에 따르면 우리가 뭔가를 볼 때 실제 눈에 비치는 것은 '사물' 자체보다는 '당신이 하는 가정'에 의해 더 큰 영향을 받습니다.

우리가 '진짜' 물리적 세계라고 믿는 대상이 사실은 그저 '가정된' 세계에 불과하므로 확고한 현실로 보이는 것이 '기대'나 '가정'의 결과라는 여러 실험의 결과는 놀랍지 않습니다.

당신의 가정은 당신이 보는 것뿐만 아니라 당신이 실행하는 행동을 결정짓습니다. 가정은 자신을 실현하기 위해 당신의 모든 의식과 무의식의 움직임을 지배하기 때문입니다.

100여 년 전에 미국의 시인이자 사상가 랠프 월도 에머슨은 이 진리를 다음과 같이 표현했습니다.

"세상이 하느님의 손안에서 유연하고 유동적이었듯이, 우리가 하느님의 속성을 따르면 세상은 우리에게도 늘 그러합니다. 하지만 무지한 자와 죄지은 자에게 세상은 마치 바위처럼 단단하니, 그들은 세상에 자신을 최대한 맞춥니다. 사람이 내면에 신성한 것을 품을수록 하늘은 그 앞에 펼쳐지고 그의 인장을 받들어 형상을 취합니다."

당신의 가정은 뜻한 대로 하늘의 형상을 주조하는 하느님의 손과 같습니다. 소원이 이루어졌다는 가정은 당신의 발을 오랫동안 묶어 놓았던 감각의 모래톱에서 당신을 들어 올리는 만조입니다.

가정은 마음을 이끌어 진정한 의미의 예언을 가능하게 만듭니다. 만약 당신이 상상력을 통제하고 주의력을 집중하는 경지에 이른다면, 당신의 가정이 암시하는 모든 것은 분명히 실현될 것입니다.

영국의 화가이자 시인 윌리엄 블레이크가 "그렇게 보이는 것은, 그렇게 여기는 사람에게만 그러합니다"라고 썼을 때 그는 그저 영원한 진리를 거듭해서 전하고 있었습니다. "그 자체로 더러운 것은 없습니다. 그러나 무엇이든 더럽다고 여기는 자에게는, 그것이 더러운 것입니다."(로마서 14:14) 그 자체로 더럽거나 깨끗한 것은 없으므로 당신은 가장 좋은 것을 가정하고 무엇이든지 사랑스러운 것, 좋은 말을 듣는 것들을 숙고하십시오.

위대한 사람들을 보며 자신에게 익숙한 초라함을 읽어내거나 어떤 상황이나 환경에서 불리한 신념을 파악하는 행동은 뛰어난 통찰력이 아니라 가정의 법칙을 모르는 무지에서 비롯됩니다. 당신이 다른 사람과 맺은 특정한 관계는 그 사람에 대한 당신의 가정에 영향을 미치며 당신이 그를 보는 방식대로 그가 보이게 만듭니다. 당신이 다른 사람에 대한 의견을 바꿀 수 있다면 지금 당신이 그에 대해 믿고 있는 사실은 절대적 진실이 아닌 상대적 진실이 될 뿐입니다.

가정의 법칙이 실제로 어떻게 작동하는지 보여주는 구체적인 사례를 살펴보겠습니다. 어느 날, 한 의상 디자이너가 유명한 공연 프로듀서와 함께 일하며 겪는 어려움을 토로했습니다. 그녀는 프로듀서가 그녀가 만든 최고의 작품을 부당하게 비판하고 거부한다고 확신하며 그가 종종 일부러 무례하고 불공평하게 군다고 말했습니다.

그녀가 말을 마치자 저는 설명했습니다. "만약 프로듀서가 또다시 무례하고 불공평하게 대한다고 느낀다면 그건 당신이 이러한 상황을 원하고 있다는 확실한 신호입니다. 태도를 새롭게 바꿔야 하는 사람은 프로듀서가 아니라 당신입니다."

저는 가정의 법칙이 가진 힘과 실질적인 적용 방법은 오직 경험을 통해서 알 수 있다고 덧붙였습니다. "자신이 원하는 대로 이미 상황이 바뀌었다고 가정해야 합니다. 그래야만 원하는 대로 변화를 일으킬 수 있다는 사실을 직접 증명할 수 있습니다."

프로듀서는 그녀가 그에 대해 가진 관념을 행동으로 보여주는 증인일 뿐입니다. 저는 그녀가 프로듀서와 나눈 대화를 속으로 곱씹고 반박하며 그를 비판하고 비난을 퍼붓고 있는 것 같다고 조심스레 말했습니다.

그녀가 머릿속으로 프로듀서와 논쟁을 벌인다는 사실에는 의심의 여지가 없었습니다. 다른 사람은 우리가 비밀리에 속삭인 말을 메아리처럼 돌려줄 뿐이기 때문입니다.

저는 그녀에게 머릿속으로 그와 대화하는 장면을 떠올리는지, 만약 그렇다면 어떤 대화를 하는지 물었습니다. 그녀는 매일 아침 극장으로 출근하며 도저히 얼굴을 보고는 할 수 없는 말을 그에게 마구 퍼붓는다고 털어놓았습니다. 머릿속에서 벌어진 격렬한 논쟁은 힘을 발휘해 프로듀서가 그녀를 대하는 방식을 반사적으로 끌어냈습니다.

그녀는 우리가 모두 머릿속에서 대화를 나누지만 불행히도 대부분 반박하고 공격하는 내용이라는 점을 깨달았습니다. 길 가는 사람들을 관찰하기만 해도 이 주장을 입증할 수 있었습니다. 그녀는 정말 많은 사람이 머릿속 대화에 몰두해 있지만 그 대화가 행복해 보이는 사람은 거의 없으며 오히려 대화 중에 느끼는 격렬한 감정 때문에 자꾸 불쾌한 상상을 하게 되고 현실에서도 곧장 불쾌한 일을 겪는다는 사실을 알아챘습니다.

그녀는 자신이 무슨 행동을 했는지 깨닫고 태도를 바꿔 가정의 법칙을 충실히 따르기로 했습니다. 그녀는 자신의 직업이 굉장히 만족스럽고 프로듀서와 맺은 관계가 매우 행복하다고 가정했습니다. 매일 밤 자러 가기 전에, 출근길에, 일과 중 틈틈이 그녀는 프로듀서가 그녀가 한 뛰어난 디자인을 보며 찬사를 보내고 그녀는 답례로 그의 칭찬과 친절한 행동에 감사를 표하는 모습을 상상했습니다.

매우 기쁘게도 그녀는 자신의 태도가 그녀에게 일어나는 모든 일의 원인이라는 점을 스스로 알아냈습니다. 이후 프로듀서의 태도는 기적처럼 바뀌었습니다. 그는 언제나 그녀가 가정한 모습을 메아리처럼 돌려줬고 이제는 그에 대해 바뀐 관념을 반영했습니다.

그녀는 상상의 힘으로 이 일을 해냈습니다. 그녀의 계속된 가정이 프로듀서의 태도에 영향을 미쳤고 그녀를 향한 그의 태도를 결정했습니다. 통제된 상상력이라는 날개를 달고 열망이라는 여권과 함께 그녀는 자신이 미리 정해 놓은 미래를 경험했습니다.

우리는 이제 알았습니다. 우리의 삶을 빚어내는 것은 객관적 사실이 아니라 우리가 상상 속에서 창조한 사실입니다. 일상에서 겪는 갈등은 대부분 상상력이 약간 부족한 탓에 자신의 눈에서 들보를 제거하지 못하기 때문입니다.

매사에 정확하고 문자 그대로 사고하는 사람이야말로 허구의 세계를 살아갑니다. 디자이너가 상상력을 통제해 프로듀서의 마음을 미묘하게 점점 바꿔나갔듯이 우리도 상상력을 지배하고 현명하게 감정을 이끌어 문제를 해결할 수 있습니다. 그녀의 상상력과 감정이 매우 강렬해 프로듀서는 마치 일종의 마법에 걸린 듯했고 자신이 자발적으로 그녀에게 관대한 칭찬을 하기로 마음먹었다고 믿었습니다. 이렇듯 우리의 가장 정교하고 독창적인 생각은 종종 다른 사람에 의해 정해집니다.

"우리는 결코 확신해서는 안 됩니다. 사람들의 마음을 미묘하게 바꾸기 시작한 사람은 포도를 밟아 포도주를 만드는 한 여인일 수 있습니다. 열정은 보잘것없는 양치기 소년의 마음에서 피어나 잠시 그의 눈을 밝히고 여러분에게 퍼졌는지도 모릅니다."

— 윌리엄 버틀러 예이츠William Butler Yeats, 『선과 악에 대한 생각들 Ideas of Good and Evil』

12장

나를 죽이는 것에서 벗어나기

성품을 형성하는 불씨는 아무리 꺼진 것처럼 보여도 조금만 뒤적이면 다시 빛나고 불타오를 수 있습니다. "악에 맞서지 마십시오. 도리어 누구든지 당신의 오른쪽 뺨을 치거든, 왼쪽 뺨도 돌려 대십시오."(마태복음 5:39) 악에 저항하는 행동과 악에서 마음을 거두는 행동 사이에는 커다란 차이가 있습니다. 악에 저항하면 악에 주의를 기울이고 계속해서 악을 현실로 만들게 됩니다. 악에서 마음을 거두면 당신은 악에서 주의를 돌려 원하는 것에 집중합니다. 지금이 바로 당신의 상상력을 통제할 때입니다.

"주님께서 재를 대신하여 아름다운 장식을, 애통함을 대신하며 기쁨의 기름을, 낙담한 영을 대신하여 찬양의 옷을 주게 하셨습니다. 그러므로 그들은 주님께서 영광스럽게 되려고 심으신 의로움의 나무라고 불리게 될 것입니다."(이사야서 61:3) 당신이 재를 대신해 아름다운 장식을 주는 순간은 지금의 모습이 아닌 당신이 바라는 모습에 집중할 때입니다. 당신이 애통함을 대신해 기쁨의 기름을 붓는 순간은 불리한 상황에도 즐거운 태도를 지속할 때입니다. 당신이 낙담한 영을 대신해 찬양의 옷을 건네는 순간은 낙심하지 않고 자신감 있는 행동을 유지할 때입니다.

위 구절에서 성경은 사람의 동의어로 '나무'라는 표현을 사용합니다. 위에 언급된 정신 상태가 당신의 의식에 영구적으로 자리 잡을 때 당신은 의로움의 나무가 됩니다. 당신의 모든 생각이 참된 생각이 될 때 당신은 하느님께서 심으신 존재가 됩니다.

하느님은 2장에서 설명한 "I AM"입니다. I AM은 당신의 가장 높은 관념이 세상에 드러날 때 영예로워집니다. 당신의 통제된 상상력이 구원자라는 사실을 깨달을 때, 당신의 태도는 종교적 믿음이 약해지는 일 없이 완전히 변화할 것입니다. 그리고 당신은 통제된 상상력에 대해 이렇게 말할 것입니다.

"이 포도나무를 보십시오. 이 나무는 야생에서 자라 길든 적이 없었고, 무모하게 힘을 쓰며 가지를 마구잡이로 뻗어냈습니다. 하지만 제가 가지를 치자, 나무는 쓸모없이 잎을 낭비하지 않게 되었습니다. 보시다시피 이제 나무는 깨끗하고 풍성한 송이를 맺으며 덩

굴을 이뤘고, 자신을 현명하게 상처입힌 손에 보답하고 있습니다."

— 로버트 사우디Robert Southey, 『파괴자 탈라바Thalaba the Destroyer』

포도나무는 통제되지 않은 상태에서 자신의 에너지를 쓸데없거나 파괴적인 생각과 느낌에 써버리는 당신의 상상력을 뜻합니다. 하지만 사람이 나무의 쓸모없는 가지와 뿌리를 잘라냈듯이 당신은 불쾌하고 해로운 모든 생각을 떼어내 이루고 싶은 이상에 집중하며 당신의 상상력을 가지치기해야 합니다. 당신이 경험하게 될 더욱 행복하고 고귀한 삶은 상상력을 현명하게 가지치기한 결과일 것입니다.

그렇습니다. 사랑스럽지 않은 모든 생각과 감정을 잘라내십시오. 그러면 당신은 다음과 같이 될 것입니다.

"진실하게 생각하십시오. 그러면 당신의 생각이 굶주린 사람을 먹일 것입니다. 진실하게 말하십시오. 그러면 당신의 말 한마디가 모두 열매를 맺는 씨앗이 될 것입니다. 진실하게 사십시오. 그러면 당신의 삶이 위대하고 고귀한 교리가 될 것입니다."

— 호라티우스 보나르Horatius Bonar, 『믿음과 희망의 찬송가 모음집Hymns of Faith and Hope』

13장

마음의 안식처를
만들어라

"제 것은 모두 당신의 것이며, 당신의 것은 제 것입니다."(요한복음 17:10) "낫을 들고 거두어들이십시오. 땅의 열매가 다 무르익어 당신이 거두어들일 시간이 되었기 때문입니다."(요한계시록 14:15) 모든 것은 당신의 것입니다. 당신이 이미 가진 것을 찾으러 가지 마십시오. 그것을 받아들이고 주장하고 가정하십시오. 모든 것은 당신의 자기 관념에 달려 있습니다. 자신에 대해 진실이라고 받아들이지 않은 상태는 실현될 수 없습니다.

약속은 다음과 같습니다. "누구든지 가진 사람은 더 받아 넉넉해지고, 가지지 않은 사람은 그 가진 것마저 빼앗길 것입니다."(마태복음 25:29, 누가복음 8:18) 당신의 상상력 안에서 사랑스럽고 좋은 평판을 얻는 것을 모두 굳게 붙드십시오. 당신의 삶이 가치 있으려면 사랑스러운 것과 선한 것이 필수이기 때문입니다. 그리고 그 상태를 가정하십시오. 이미 당신이 열망하는 상태에 도달했고 원하는 것을 가졌다고 상상하면서 나아가십시오. "사람은 마음속에서 생각하는 모습대로 됩니다."(잠언 23:7) 마음을 고요하게 한 뒤, 내가 이미 열망하는 존재가 되었다고 확신하십시오. 그러면 그 존재를 찾아 헤맬 필요가 결코 없을 것입니다.

표면적으로는 행동의 자유가 있는 듯이 보이더라도 당신은 다른 모든 것이 그렇듯 가정의 법칙을 따르고 있습니다. 자유 의지에 대해 당신이 어떤 의문을 제기하더라도 당신이 살면서 겪는 모든 경험이 의식적이든 무의식적이든 당신의 가정에 의해 결정된다는 것이 진실입니다.

가정은 스스로 필연적 현실이 되기 위해 사건들을 잇는 다리를 만들어냅니다. 사람은 과거가 자연스럽게 쌓여 미래를 만든다고 믿습니다. 하지만 가정의 법칙은 그렇지 않다는 점을 분명히 보여줍니다. 가정은 당신이 실제로 있지 않은 장소에 당신을 심리적으로 머물게 만듭니다. 그러면 감각은 당신을 심리적으로 머무는 장소에서 끌고 나와 다시 실제로 있는 곳에 데려다 놓습니다. 이렇게 심리적으로 전진하려는 움직임은 점점 시간이 흘러 실제 물리적인 전진으로 이어집니다.

앞날을 내다보는 예지는 전 세계의 모든 경전에 스며들어 있습니다. "내 아버지의 집 안에는 머물 곳이 많습니다. 그렇지 않다면 내가 말해주었을 것입니다. 나는 여러분을 위한 거처를 마련하러 갑니다. 내가 가서 거처를 준비하면 나는 다시 돌아와 여러분을 맞을 것입니다. 그리고 내가 있는 곳에 여러분 또한 있게 하겠습니다 … 그 일이 일어나기 전에 내가 지금 여러분에게 말하는 이유는, 그 일이 일어났을 때 여러분이 믿게 하려는 것입니다."(요한복음 14:2-3, 14:29)

이 구절의 '나'는 바로 당신의 상상력입니다. 상상력은 미래, 즉 수많은 머물 곳 중의 한 곳으로 들어갑니다. '집 안에 머물 곳'은 열망하는 상태를 의미합니다. 어떤 사건이 실제로 일어나기 전에 안다는 말은 그저 원하는 상태에 들어간 자신을 느끼며, 그 상태가 현실의 빛깔을 띨 때까지 실감한다는 뜻입니다.

소원이 이루어진 느낌 안에 머무는 자신을 상상하며 자신을 위한 거처를 마련하십시오. 그다음 실제로 있지는 않았지만 상상 속에서 머물던 소원이 성취된 상태에서 빠져나와 조금 전 실제로 머물던 장소로 빠르게 이동하십시오. 그 후 저항할 수 없는 추진력과 함께 일련의 사건을 거치며 소원이 물리적으로 실현된 곳으로 나아가십시오. 그러면 당신이 상상 속에서 머물던 곳에 육체적으로도 존재하게 될 것입니다.

"강물은 흘러나왔던 곳으로 돌아가, 다시 흐릅니다."(전도서 1:7)

소원이 이루어졌다는 가정을 지속하는 행동만이
당신의 마음에 미묘한 변화를 일으켜 원하는 변화를 삶에 가져올 수 있습니다.
모든 것이 당신의 지속적인 가정과 조화를 이루며 반응해야만 합니다.

2부

꿈과 현실을 연결하는

감각의 힘

THE IDEAS

of

NEVILLE

GODDARD

I AM THAT I AM

1장

내 안의 창조성을
발견하라

창조는 완료되었습니다. 창조성은 더 깊은 받아들임일 뿐입니다. 온 시간과 공간에 존재하는 모든 현상은 시간의 흐름에 따라 차례로 경험되지만 실제로는 무한하고 영원한 지금 안에 함께 존재하기 때문입니다. 다시 말해 당신이었던 것과 당신이 될 것과 인류였던 것과 인류가 될 모든 존재와 상태는 지금 실재하고 있습니다. 이것이 창조의 의미입니다. 창조가 완료되었다는 말은 무엇도 창조되지 않는다는 뜻입니다. 오직 드러날 뿐입니다.

"나는 하느님이니, 결말을 처음부터 선언하고 아직 이루어지지 않은 일들을 오래전부터 공표한다."(이사야서 46:9-10)

창조성이라 불리는 특성은 이미 존재하는 것을 알아차리는 태도에 불과합니다. 당신은 단순히 이미 존재하는 것의 많은 부분을 점차 감지할 뿐입니다.

처음 듣는 말을 이전에 들어본 것 같고 처음 만나는 사람을 전에 만난 것처럼 느끼고 처음 구경한 장소나 물건을 이전에도 본 듯한 느낌이 들 때가 있습니다. 이러한 느낌은 당신이 이미 존재하지 않는 뭔가가 되거나 그런 것을 경험할 수 없다는 사실을 설명합니다.

모든 창조는 당신 안에 존재합니다. 당신의 운명은 창조의 무한한 경이로움을 점점 더 알아가고 창조의 더욱 커다랗고 웅장한 부분을 경험하는 것입니다.

창조가 완료되었고 모든 사건이 지금 일어나고 있다면 자연스럽게 떠오르는 질문은 단 한 가지입니다. "무엇이 시간 속에서 삶의 행로를 결정하는가?" 즉, "삶에서 마주하는 사건들을 결정하는 것은 무엇인가?"입니다. 해답은 바로 당신의 자기 관념입니다.

관념은 집중력이 흘러가는 경로를 결정합니다. 이 사실을 증명할 수 있는 괜찮은 실험이 있습니다. 소원이 이루어진 느낌을 가정하고 집중력이 흘러가는 경로를 관찰하십시오. 당신이 가정 안에 충실히 머무르는 한, 집중력은 가정과 명확히 연관된 여러 이미지를 마주할 것입니다.

예를 들어 당신의 사업이 눈부시게 발전한다고 가정해봅시다. 상상 속에서 당신은 가정과 관련해 이어지는 여러 사건에 집중하고 있다는 점을 알아차릴 것입니다. 친구들은 축하 인사를 건네며 당신이 얼마나 운이 좋은지 말하고 다른 사람들은 당신을 질투하고 비판의 목소리도 냅니다. 이 장면에서 집중력은 더욱 커다란 사무실과 넉넉한 통장 잔액을 거치며 이와 유사한 많은 다른 사건을 향해 흘러갑니다. 이 가정을 지속한다면 당신은 가정했던 상황을 실제 현실에서 경험하는 결과를 얻을 것입니다. 어떤 관념이든 원리는 같습니다.

자신을 실패자라고 여기는 자기 관념을 갖고 있다면 당신은 상상 속에서 그 관념에 부합하는 모든 일련의 사건을 마주할 것입니다. 그러므로 자기 관념에 따라 당신이 현재와 미래를 결정하고 있다는 사실은 분명합니다. 당신은 지금 경험하고 있고, 앞으로 경험하게 될 창조의 부분을 드러내고 있습니다.

2장

행복을 창조하는
가정의 법칙

소원이 이루어졌다는 가정은 미지의 바다를 건너 꿈이 실현된 상태로 당신을 데려가는 배입니다. 가정이 전부입니다. 가정은 애쓰지 않고 무의식적으로 자신을 실현합니다.

"미덕을 갖추지 못했다면, 갖춘 듯이 가정하십시오."

— 윌리엄 셰익스피어William Shakespeare, 『햄릿Hamlet』

당신이 찾던 것을 이미 가지고 있다는 가정하에 행동하십시오. "믿음을 보인 여자에게 복이 있습니다. 주님께서 그녀에게 하신 말씀이 이루어질 것입니다."(누가복음 1:4) 원죄 없는 잉태Immaculate

Conception*가 기독교 신비의 근본이듯이 성모승천The Assumption of Mary**은 기독교 신비의 정수입니다. 심리적으로 해석하자면 원죄 없는 잉태는 다른 누구의 도움 없이 자신의 의식 속에서 생각이 탄생하는 과정으로 확장됩니다.

예를 들어 당신이 특정한 소망이나 갈망 또는 열망을 품을 때 물리적 존재나 사람이 그 마음을 당신에게 심은 것이 아닙니다. 따라서 염원을 품는 일은 의식 속에서 생각이 스스로 탄생하는 원죄 없는 잉태와 같습니다. 즉, 염원은 스스로 잉태되었습니다. 모든 사람은 스스로 잉태하는 마리아이며 자신이 품은 생각을 반드시 세상에 탄생시켜야 합니다.

가정***은 의식을 가장 드높여 사용하기 때문에 신비로움의 정수입니다. 상상 속에서 소원이 성취된 느낌을 가정할 때, 마치 마리아가 하늘로 들어 올려졌듯이 당신 역시 정신적으로 더 높은 수준으로 들어 올려집니다. 가정을 꾸준히 지속해 가정이 실제 사실이 되면 당신은 더 높은 단계, 즉 객관적으로 드러난 세계에서 당신의 열망이 실현된 상태에 즉시 도달합니다.

가정은 그 속에 암시된 목적지를 향해 당신의 의식적이고 무의식

-     예수의 어머니인 마리아가 태중에서 원죄 없이 잉태되었다고 보는 가톨릭의 교리입니다.
-    하느님께서 죽은 마리아의 육체와 영혼을 하늘나라로 들어 올리셨다는 가톨릭의 교리입니다.
-   저자는 성모승천의 영문표기인 The Assumption of Mary 와 가정이라는 뜻의 영어 단어 assumption이 같다는 점에 착안해서 가정을 성모승천에 빗대고 있습니다.

적인 모든 움직임을 강하게 이끌어 결국 그 명령에 따라 사건이 실제로 일어날 수밖에 없도록 지배합니다. 삶의 드라마는 이토록 심리적이며 가정은 드라마 전체의 작가이자 연출가입니다. 그러므로 가정의 기술을 배우십시오. 오직 이 방법으로만 자신의 행복을 창조할 수 있습니다.

3장

진정한 변화는 내면에서 시작된다

사람들은 자주 이렇게 묻습니다. "소원이 이루어졌다고 가정한 뒤, 가정이 실현되기 전까지 무엇을 해야 합니까?"

아무것도 하지 마십시오. 소원이 이루어진 느낌을 가정하는 일 이외에 가정의 실현을 돕기 위해 당신이 어떤 것이든 할 수 있다는 생각은 망상입니다. 당신은 뭔가 할 수 있다고 생각하고 무슨 일이든 하길 원하지만 실제로 할 수 있는 일은 아무것도 없습니다. 자신에게 행동할 자유 의지가 있다는 착각은 모든 행동의 근간인 가정의 법칙에 대한 무지에 불과합니다.

모든 일은 자동으로 일어납니다. 당신에게 닥치는 모든 일과 당신이 하는 모든 일은 그저 일어날 뿐입니다. 당신의 가정이 의식적이든 무의식적이든 가정은 실현을 위해 생각과 행동 전체를 이끌어 나갑니다.

가정의 법칙을 이해하고 법칙의 진리를 확신한다는 말은 행동할 자유 의지가 있다는 착각을 모조리 제거한다는 뜻입니다. 사실 자유 의지란 어떤 열망을 품을지 선택할 수 있는 자유 의지가 있다는 의미일 뿐입니다.

당신이 선택한 열망이 이미 사실이라고 가정함으로써 생각은 현실로 변모합니다. 그 이후에 자유 의지의 역할은 끝납니다. 그리고 모든 일은 당신이 가정한 관념과 조화를 이루며 일어납니다.

"나는 무엇도 내 뜻대로 할 수 없습니다. 내가 나의 뜻이 아니라, 나를 보내신 아버지의 뜻을 구하기 때문입니다."(요한복음 5:30) 이 구절에서 아버지는 분명히 하느님을 가리킵니다. 그리고 하느님은 I AM으로 정의됩니다. 창조가 완료되었기 때문에 아버지께서는 "나는 그렇게 될 것이다"라고 말하는 위치에 절대 계시지 않습니다. 다시 말해 모든 것은 존재하고 있으며 무한한 의식인 I AM은 오직 현재 시제로만 말할 수 있습니다.

"제 뜻이 아니라 아버지의 뜻대로 해주십시오."(누가복음 22:42) "나는 그렇게 될 것이다"라는 말은 "나는 그렇지 않다."라는 고백입니다. 아버지의 뜻은 항상 I AM으로 표현됩니다.

당신이 아버지라는 사실, 즉 단 하나의 I AM이 존재하며 당신의 무한한 존재가 바로 I AM이라는 점을 깨닫기 전까지 당신의 뜻은 언제나 "나는 그렇게 될 것이다"에 머물러 있을 것입니다.

가정의 법칙 안에서는 당신의 존재 의식이 곧 아버지의 뜻입니다. 이러한 존재 의식이 결여된 단순한 소망은 그저 "나의 뜻"에 불과합니다. 위의 위대한 구절은 가정의 법칙을 완벽히 설명하고 있습니다.

무언가를 하는 것은 불가능합니다. 무언가를 하기 위해서는 우선 존재해야만 합니다. 당신이 자신에 대해 다른 관념을 가진다면 모든 것이 달라질 것입니다. 당신이 지금 모습에 머물고 있으므로 모든 것도 그대로입니다. 당신이 관찰하는 사건들은 당신이 가진 자기 관념에 의해 결정됩니다.

당신이 자기 관념을 바꾸면 이후에 당신 앞에 놓이는 사건들도 변화합니다. 자기 관념이 바뀐 순간부터 변화되기 시작한 사건들은 미리 정해진 순서를 따르며 당신의 삶 속에 전개됩니다. 당신은 의식을 바꿈으로써 관찰되는 사건의 흐름을 바꾸고 나아가 당신의 미래까지 변화시키는 개입의 힘을 지닌 존재입니다.

감각이 주는 증거를 부정하고 소원이 이루어진 느낌을 가정하십시오. 가정이 창조적이고 특정한 분위기를 형성하는 만큼 당신의 가정이 고귀하다면 가정은 당신에게 확신을 더해주고 당신이 더 높은 수준의 존재가 되도록 돕습니다. 반면 당신의 가정이 사랑스럽지 않은 것이라면 가정은 당신을 방해하고 당신이 빠르게 추락하도록 이끕니다. 사랑스러운 가정이 조화로운 분위기를 창조하듯이 매정하고 쓰라린 감정은 냉혹하고 잔인한 분위기를 창조합니다.

"무엇이든지 순결한 것, 의로운 것, 사랑스러운 것, 좋은 말을 듣는 것들을 숙고하십시오."(빌립보서 4:8) 이 구절은 당신의 가정을 가장 높고 고귀하고 행복한 관념으로 만들라는 뜻입니다. 지금이 시작하기 가장 좋은 순간입니다. 현재는 사랑스럽지 않은 모든 가정을 제거하고 오직 좋은 것에만 집중하기에 언제나 가장 적합합니다.

자신에게뿐 아니라 다른 사람에게도 그들이 받은 신성한 유산이 드러나도록 요구하십시오. 그들의 좋은 모습과 내면의 선한 본성만 보십시오. 그들의 선한 모습을 진실하게 가정함으로써 그들 안에 있는 가장 고귀한 모습을 일깨우고 그들의 자신감과 자기 확신을 끌어내십시오. 그러면 당신은 그들의 예언자와 치유자가 될 것입니다. 모든 지속적인 가정에는 필연적인 실현이 뒤따르기 때문입니다. 힘으로는 절대 얻을 수 없는 것을 가정으로 얻을 수 있습니다.

가정은 의식의 특정한 움직임입니다. 이러한 움직임은 다른 모든 움직임과 마찬가지로 주변 물질에 영향을 미쳐 가정을 현실에 그려내고 되풀이하고 반영합니다. 운명의 변화는 새로운 방향을 향하고 전망한 결과입니다. 마음을 형성하는 같은 물질을 그저 다르게 배열한 것, 즉 의식을 바꾼 덕분입니다.

삶을 바꾸고 싶다면 당신이 가진 근본적인 자기 관념의 근원에서부터 시작해야 합니다. 어떤 조직이나 정치 집단, 종교 단체의 일원이 되는 외적인 변화는 충분하지 않습니다. 원인은 더욱 깊은 곳에 있습니다. 본질적인 변화는 당신의 내면, 즉 당신의 자기 관념 안에서 일어나야 합니다.

스스로 원하는 존재가 되었다고 가정하고 그 상태를 지속해야 합니다. 가정이 실현된 모습은 객관적 진실에서 분리되어 완전히 독립적으로 실재하며 소원이 이루어진 느낌을 지속하면 물리적 실체가 되어 자신을 드러낼 것입니다. 가정이 지속되면 사실로 굳어진다는 점을 알게 될 때 초심자에게는 그저 단순한 우연으로 보이는 사건들이 가정의 논리적이고 필연적인 결과로 다가올 것입니다.

당신은 가정을 선택할 무한한 자유 의지를 갖고 있지만, 상황과 사건을 결정지을 능력은 없다는 사실을 깊이 명심하십시오. 당신은 무엇도 창조할 수 없습니다. 하지만 당신의 가정은 당신이 경험하게 될 창조의 단면을 결정짓습니다.

상상력과 집중력이
이끄는 이상적 상태

당신은 어떤 자기 관념을 받아들일지 자유롭게 선택할 수 있습니다. 즉, 스스로 미래의 방향을 바꾸는 개입의 힘을 소유하고 있습니다. 진정한 발전을 이루어내는 본질적인 수단은 바로 현재의 자기 관념에서 더 높은 자기 관념으로 올라가는 과정 자체입니다. 더 높은 관념은 경험의 세계에서 자신을 구현하기 위해 당신이 오기를 기다리고 있습니다.

"우리 안에서 작용하는 자신의 능력대로, 우리가 청하거나 생각하는 모든 것보다 훨씬 넘치게 해 주실 수 있는 그분께 영광이 있기를 바랍니다."(에베소서 3:20) 당신이 청하거나 생각하는 것보다 더 많은 것을 해주실 수 있는 존재는 바로 당신의 상상력입니다. 그리고 우리 안에서 작용하는 능력은 당신의 집중력입니다. 당신이 요청하는 모든 것을 할 수 있는 존재가 상상력이고 당신의 세계를 창조하는 힘이 집중력이라는 사실을 이해한다면 이제 당신은 이상적인 세계를 구축할 수 있습니다.

당신이 꿈꾸고 열망하던 이상적 존재가 되었다고 상상하십시오. 상상 속 상태에 끊임없이 주의를 기울여야 합니다. 당신이 이미 이상적 존재라고 완벽히 실감하자마자 그것은 당신의 현실 세계에 모습을 드러낼 것입니다.

"그분이 세상에 계셨고 세상이 '그분'을 통해 세워졌지만, 세상은 그분을 알지 못했습니다."(요한복음 1:10) "이 신성한 비밀은 과거의 세대와 시대로부터 숨겨져 왔으니, 바로 여러분 안에 있는 그리스도이며 영광의 소망입니다."(골로새서 1:26-27)

첫 번째 성경 구절에서 말하는 '그분'은 당신의 상상력입니다. 앞에서도 설명했듯이 세상에 존재하는 물질은 단 하나입니다. 바로 의식입니다. 상상력은 이 물질을 관념으로 바꾸고 관념은 조건, 상황, 물리적 대상의 모습을 하고 세상에 나타납니다. 그러므로 당신의 세상을 만든 것은 상상력입니다. 극히 일부를 제외하고 이 최상의 진리를 의식하는 사람은 없습니다.

두 번째 성경 구절에서 언급된 "여러분 안에 있는 그리스도"는 신성한 비밀이자 당신의 세계를 형성하는 상상력입니다. "영광의 소망"은 더 높은 수준으로 영구히 올라가는 능력에 대한 당신의 인식입니다.

그리스도는 역사 속에서 외적인 형태로는 찾을 수 없습니다. 오직 당신의 상상력이 유일한 구원의 힘이라는 사실을 인식할 때만 발견됩니다. 이 사실이 밝혀지면, "굳은 교리의 탑들은 진리의 나팔 소리를 들을 것이고 예리코의 성벽처럼 무너져 먼지가 될 것입니다."•

• 여호수아 6장에서 여호수아와 이스라엘 백성은 하느님의 명령에 따라 나팔 소리를 내고 함성을 질러 예리코 성을 점령했습니다.

5 장

생각과 기분을
스스로 통제하라

상상력은 당신이 주의를 얼마나 집중하는지에 비례해 당신이 요청하는 모든 것을 실현합니다. 자신의 열망을 달성하고 앞으로 나아가는 모든 과정은 주의력을 통제하고 꾸준히 집중하는 데 달려 있습니다.

외부 자극이 집중력을 끌어내거나 내부 요소가 집중력을 유도할 수 있습니다. 당신의 의식이 지금 이 순간의 외부 자극에 몰두하면 외부에서 집중력이 생겨납니다. 당신이 읽고 있는 이 페이지의 줄들도 외부에서 당신의 집중력을 끌어내고 있습니다.

당신이 무엇에 정신을 집중할지 의도적으로 선택할 때 집중력은 내부에서 생겨납니다. 외부의 객관적 세계에서는 외부 자극이 집중력을 끌어낼 뿐 아니라 집중력이 계속해서 외부를 향하도록 유도합니다.

내부에 있는 주관적 상태에서 당신은 집중력을 거의 통제할 수 없습니다. 이 상태에서 집중력은 주로 주인이 아니라 하인이며 항해사가 아니라 승객이기 때문입니다. 객관적 외부 세계를 향한 집중력과 주관적 내부 세계를 향한 집중력에는 엄청난 차이가 있습니다. 그리고 당신의 미래를 바꾸는 능력은 후자에 달려 있습니다.

당신이 내부 세계에서 집중력의 움직임을 통제할 수 있을 때 당신은 원하는 대로 삶을 조정하거나 바꿀 수 있습니다. 하지만 외부 세계가 당신의 집중력을 계속해서 끌고 가도록 허용한다면 통제력을 얻을 수 없습니다.

매일매일 객관적 세계에서 의도적으로 주의를 돌려 주관적 세계에 집중하는 과제를 자신에게 내십시오. 다시 말해 스스로 선택한 생각이나 기분에 집중하십시오. 그러면 지금 당신을 가로막는 것들이 점차 약해지고 사라질 것입니다.

주관적 세계에서 집중력의 움직임을 통제할 수 있게 되는 날, 당신은 운명의 주인이 됩니다. 당신은 외부 조건이나 환경의 지배를 더는 받아들이지 않으며 외부 세계에 의존해 살아가지 않을 것입니다.

당신이 집중력의 움직임을 통제하고 "세대와 시대로부터 숨겨진 신성한 비밀", 즉 당신 안의 그리스도가 상상력이라는 사실을 발견

한 후에, 당신은 상상력의 최고 권위를 확고히 선언하고 모든 것을
상상력 아래 복종시킬 것입니다.

6장

꿈에 몰입하라

아무리 당신이 물질세계를 살아가는 듯이 보여도 실제로 당신은 상상의 세계를 살고 있습니다. 삶의 외적이고 물리적인 사건들은 꽃이 피던 시간을 잊은 열매이자 이제는 대부분 잊힌 이전 의식 상태의 결과입니다. 외부 사건은 아득해진 상상의 기원을 향해 자신을 정확히 표현해나가고 있습니다.

"인간의 지각은 인식 기관에 의해 제한되지 않습니다. 인간은 아무리 날카로운 감각으로도 지각할 수 없는 것을 발견합니다."

— 윌리엄 블레이크

당신이 어떤 감정 상태에 흠뻑 빠져들 때마다 당신은 그 상태가 이루어진 느낌을 받아들이는 순간에 놓입니다. 그 상태를 지속한다면 당신이 무엇에 강렬한 감정을 느끼든 그것은 당신의 세계에서 경험될 것입니다. 이러한 몰입과 집중의 시간이 당신이 거두게 될 열매의 첫 시작입니다.

이 순간 당신은 세상에서 유일한 단 하나의 창조력을 행사하고 있습니다. 이 시간이 지나거나 몰입이 끝나면 당신은 육체적으로 존재하지 않았던 상상의 상태에서 빠져나와 조금 전까지 실제로 머물던 곳으로 빠르게 돌아옵니다. 또한 몰입 속에서 상상하던 상태가 정말 현실처럼 느껴져 객관적 세계로 돌아온 후 그 모습이 상상과 다르다는 점을 알고 나면 충격에 빠집니다. 당신은 상상 속에서 뭔가를 매우 선명히 보았기 때문에 이제는 당신의 감각적 증거를 믿을 수 있는지 의심하며 영국의 낭만주의 시인 존 키츠가 말했듯이 이렇게 질문합니다.

> "그것은 예지豫知였나, 아니면 깨어 있는 꿈이었나? 그 음악은 불현듯 사라졌네 … 나는 깨어 있는가, 잠에 빠져 있는가?"
>
> — 존 키츠, 『나이팅게일에게 바치는 송가』

이러한 충격은 당신의 시간 감각을 뒤집습니다. 이제 당신의 경험은 과거에서 기인하는 대신 당신이 물리적으로 존재하지 않았던 상상 속에서 비롯됩니다. 이렇게 뒤바뀐 감각은 당신이 사건의 다리를 건너, 상상하던 상태를 육체적으로 체감하도록 이끕니다.

무엇이든 자신이 원하는 상태를 마음대로 가정할 수 있다면 그는 천국의 열쇠를 찾은 것입니다. 천국의 열쇠는 열망, 상상력, 소원이 이루어진 느낌에 꾸준히 주의를 기울이는 태도입니다. 이러한 사람에게 원치 않는 객관적 사실은 더는 현실이 아니며 간절한 소망은 헛된 꿈이 아닙니다.

"만군의 주님께서 이르노니, '나를 시험하여라. 내가 하늘의 문을 열어 더는 복이 쌓일 곳이 없을 때까지 너희에게 축복을 쏟아붓지 않나 보아라.'"(말라기서 3:10)

강한 의지로는 하늘의 문을 열어 보물을 움켜쥐지 못할 것입니다. 하지만 몰입이 일정한 수준에 이르러 완전한 받아들임의 느낌으로 이어질 때, 하늘의 문은 스스로 열리고 아무런 대가 없이 보물을 내어줍니다.

현재 상태에서 소원이 이루어진 느낌으로 향하는 통로에는 뛰어넘어야 할 어떤 틈도 없습니다. 이른바 현실과 비현실 사이에는 연속성이 있습니다. 한 상태에서 다른 상태로 넘어가기 위해서 그저 촉각을 곤두세우고 감각을 믿고 지금 행하는 이 행동에 깃든 신성한 정신에 온전히 몰입하십시오.

"만군의 주님께서 말씀하시니, '힘으로도 권력으로도 되지 않고, 오직 나의 정신으로 된다.'"(스가랴서 4:6)

신성한 정신, 즉 소원이 이루어진 감각을 취하면 당신은 하늘의 문을 열어 축복을 받습니다. 어떤 상태를 가정해 취한다는 말은 그 상태가 가진 정신으로 들어간다는 뜻입니다.

갈망에서 소원의 성취를 가정한 상태로 나아가는 숨은 통로를 몰랐던 사람들만이 당신의 승리를 놀랍게 여길 것입니다.

만군의 주님께서는 당신이 이미 원하는 상태가 되었다는 느낌을 가정하기 전까지 당신의 소망에 응답하지 않으실 것입니다. 받아들임은 주님의 행동이 펼쳐지는 통로이기 때문입니다. 받아들임은 만군의 주님께서 실현되시는 길입니다.

7 장

최소한의 에너지와 시간으로 목표에 이르는 법

최소 작용 원리Principle of Least Action●는 행성의 궤도에서부터 빛의 파동의 경로까지 물리학의 모든 것을 지배합니다. 최소 작용은 에너지의 최솟값에 시간의 최솟값을 곱한 값입니다. 최소 작용 원리에 따라서 당신은 현재 상태에서 열망하는 상태로 이동할 때 가능한 최단 시간 안에 최소한의 에너지를 써야 합니다.

하지만 어떤 의식 상태에서 다른 상태로 옮겨가는 일은 심리적입니다. 그러므로 이러한 여정을 떠나기 위해서는 최소 작용의 심리적 등가물을 반드시 사용해야 합니다. 바로 '단순한 가정'입니다.

● 자연에서 물질은 경로를 최소화해서 움직인다는 원리로 해밀턴의 원리라고도 부릅니다.

가정의 힘을 완전히 깨닫는 날, 당신은 가정의 힘이 최소 작용 원리에 완벽히 순응하며 작용한다는 사실을 알게 됩니다. 가정의 힘은 집중력에 의해 작동하며 그 과정에는 노력이 들지 않습니다. 따라서 당신은 가정을 통해 최소한의 에너지와 시간을 쓰고, 성급하지도 애쓰지도 않은 채 목표에 도달합니다.

창조는 완료되었기 때문에 당신이 열망하는 것은 이미 존재합니다. 하지만 의식이 만들어 낸 대상만 눈에 보이기 때문에 지금 바라고 있는 것은 시야에서 배제됩니다. 가정은 배제된 것을 다시 불러들여 온전한 시야를 회복하는 작용을 합니다. 변화하는 것은 세상이 아니라 당신의 가정입니다.

가정은 보이지 않는 것을 눈앞에 드러나게 합니다. 그것은 신의 눈, 즉 상상력으로 보는 것과 다름없습니다. "하느님께서 보는 방식은 사람이 보는 방식과 다르니, 사람은 드러난 겉모습만 보지만 하느님께서는 마음을 들여다보시기 때문입니다."(사무엘상 16:7)

심장은 느낌을 자각하는 주요 기관입니다. 따라서 모든 경험은 심장에서 처음 비롯됩니다. 당신이 마음을 들여다볼 때, 당신 눈에 실제로 비치는 것은 가정입니다. 그리고 가정은 당신의 경험을 결정 짓습니다.

온 정성을 다해 성실히 당신의 가정을 바라보십시오. 가정에서 삶의 문제들이 유발됩니다. 가정은 자신을 객관적 모습으로 실현하는 힘을 가지고 있습니다. 눈에 보이는 세계의 모든 일은 보이지 않는 세계에서 시작된 가정 또는 생각의 결과입니다.

현재가 가장 중요합니다. 우리가 가정을 통제할 수 있는 시간은 현재뿐입니다. 가정의 법칙을 현명하게 작동하고 싶다면 마음속에서 미래가 현재가 되어야만 합니다. 당신은 이미 가정이 실현된 상태가 되었다고 상상할 때, 미래는 현재가 됩니다. 차분히 최소 작용의 행동만 하며 이미 열망하는 존재가 되었다고 확신하십시오.

갈망의 끝에는 존재가 있어야 합니다. 당신의 꿈을 존재하는 상태로 바꾸십시오. 이미 그것이 되었다는 의식 없이 끊임없이 미래를 세워나가는 일은, 다시 말해 소원이 이루어진 느낌을 실제로 가정하지 않고 열망을 그려내는 행동은 모든 인간이 빠지는 오류이자 신기루입니다. 그저 헛된 공상일 뿐입니다.

8장

멈춰 있는 것은
움직이는 것을
이기지 못한다

"말씀을 행하는 사람이 되고, 그저 듣기만 하여 자신을 속이는 사람이 되지 마십시오. 누구든지 말씀을 듣고 행하지 않는 사람은 거울로 자기의 맨얼굴을 보고 그 길로 곧장 자신이 어떤 사람인지 잊어버리는 자입니다. 하지만 자유의 완벽한 법칙을 자세히 들여다보고 그 안에 계속 머무르는 사람은 말씀을 행하는 사람이니, 그는 자신이 한 행동 덕분에 복을 받을 것입니다."(야고보서 1:22-25) 이 구절에서 '말씀'은 생각, 관념, 또는 열망을 의미합니다. 단순히 희망적 사고를 해서 열망이 이루어질 것이라고 기대할 때, 당신은 '듣기만 하여' 자신을 속이는 자가 됩니다. 열망은 당신이 되고 싶은 존재를 나타냅니다. '거울로' 자기의 맨얼굴을 본다는 말은 상상 속에서 그 존재가 된 자신을 바라본다는 뜻입니다.

'자신이 어떤 사람인지' 잊는다는 말은 가정을 지속해나가는 데 실패한다는 의미입니다. "자유의 완벽한 법칙"은 한계에서 벗어난 진정한 자유를 가능하게 만듭니다. 다시 말해, 그것은 가정의 법칙입니다.

자유의 완벽한 법칙 안에 계속 머무르는 사람은 열망이 이미 실현되었다는 가정을 지속해 나갑니다. 소원이 성취된 느낌을 끊임없이 당신의 의식 속에서 생생히 유지할 때 당신은 '듣기만 하여' 잊는 자가 아니라 '말씀을 행하는' 사람이 됩니다. 그리고 당신이 한 행동 덕분에 열망이 반드시 실현되어 복을 누리게 됩니다.

가정의 법칙을 행하는 사람이 되십시오. 당신이 법칙의 가장 심오한 뜻을 이해하더라도 적용하지 않으면 원하는 결과를 얻어내지 못할 것입니다.

이 책에서는 중요한 근본 진리를 계속 반복해 강조하고 있습니다. 이 진리는 사람을 자유롭게 만들어주는 가정의 법칙과 연관되어 있으므로 반복은 분명 가치 있는 일입니다. 되풀이되는 위험이 있더라도 가정의 법칙은 거듭해서 분명히 밝혀져야만 합니다.

진정으로 진리를 찾는 사람은 자신을 자유롭게 하는 법칙에 주의를 기울이도록 이끄는 조언을 기꺼이 받아들일 것입니다.

자신에게 주어진 금전인 달란트를 그저 내버려둔 종을 주인이 호

되게 비난한 성경의 일화는 매우 분명하고 오해의 여지가 없습니다.*
당신 안에서 보물 창고의 열쇠를 발견했다면 당신은 자신에게 주어진 달란트를 지혜롭게 사용해 몇 배로 불린 유능한 종을 본받아 행동해야 합니다. 당신에게 주어진 달란트는 당신의 가정을 의식적으로 결정할 수 있는 능력입니다. 당신이 사용하지 않은 달란트는 운동하지 않은 팔다리처럼 시들어 결국 소멸됩니다.

당신이 추구해야 할 대상은 존재입니다. 말씀을 행하기 위해서는 우선 존재해야만 합니다. 갈망의 끝에는 존재가 있어야 합니다.

지금 가지고 있는 자기 관념을 의식 밖으로 쫓아낼 수 있는 것은 새로운 자기 관념뿐입니다. 마음속에 이상을 창조함으로써 당신은 이상과 자신을 동일시할 수 있습니다. 이상과 하나가 될 때까지 그 감각을 지속하면 마침내 당신은 이상적 존재로 변모합니다.

멈춰 있는 것은 움직이는 것을 이길 수 없습니다. 능동적 행동은 수동적 태도를 압도합니다.

그저 듣기만 하는 사람보다 행동하는 사람이 무한한 창조력을 자석처럼 끌어당겨 더욱 커다란 창조력을 발휘합니다. 그러므로 말씀을 행하는 사람에 속하십시오.

---

* 마태복음 25:14-30에서 주인은 세 종에게 각각 5달란트, 2달란트, 1달란트를 주었지만 1달란트를 받은 종만 그것을 땅에 묻어 놓고 불리지 않았습니다. 주인은 그 종을 비난하며 어둠 속으로 내쫓았습니다.

9장

물질적 성공보다 의로운 일에 집중하라

이전 장에서 의로움은 원하는 존재가 이미 되었다는 의식으로 정의된다고 밝혔습니다. 이 정의는 진정한 심리적 의미를 담고 있으며 도덕적 규율, 시민 법률, 또는 종교적 계율을 따르는 일과 명확히 구분됩니다. 의롭게 존재하는 일의 중요성은 아무리 강조해도 지나치지 않습니다.

실제로 성경 전체에 이 주제에 대한 책망과 훈계가 가득 차 있습니다. "의로운 일을 하여 죄에서 돌아서십시오."(다니엘서 4:27) "내가 나의 의로움을 단단히 붙잡아 절대 놓지 않으리니, 내가 살아 있는 동안 나의 마음이 나를 책망하지 않을 것입니다."(욥기 27:6) "훗날 나의 의로움이 나를 증명할 것입니다."(창세기 30:33)

죄와 의로움이라는 단어는 성경의 같은 구절에 자주 함께 등장합니다. 두 단어는 논리적 대조를 보여주며 이러한 구조는 죄와 의로움이 가진 심리적 의미를 고려할 때 상당한 중요성을 띕니다.

죄는 목표를 이루지 못하는 것을 의미합니다. 소망을 이루지 못하고 원하는 존재가 되지 못하는 것이 바로 죄를 짓는 행위입니다. 반면 의로움은 당신이 원하는 존재가 이미 되었다는 의식입니다.

원인이 결과를 낳는다는 말은 불변의 법칙으로 우리에게 교훈을 줍니다. 오직 의로움을 따를 때 그 결과로 죄를 면할 수 있다는 말입니다. 하지만 '죄를 면한다'라는 표현과 관련해 널리 퍼진 오해가 있습니다. 아래의 예시는 오해를 불식시키고 진리를 확립하는 일에 도움이 될 것입니다.

극심한 가난 속에 사는 한 남성은 종교적이거나 철학적인 활동을 통해 '죄를 면하고' 결과적으로 삶을 개선할 수 있다고 믿을지 모릅니다. 하지만 그가 여전히 가난한 상태에 머물러 있다면 그 생각이 진리가 아니라는 사실이 분명해집니다. 실제로 그는 '죄를 면하지' 못했습니다.

반면 의로움은 그의 죄를 면할 수 있습니다. 가정의 법칙을 성공적으로 적용하면 필연적 결과에 따라 그의 삶이 실제로 바뀔 것입니다. 그는 더는 가난하게 살지도, 목표를 놓치지도 않을 것입니다. 그는 죄를 면할 것입니다.

"여러분이 서기관과 바리새인보다 더 의롭게 행동하지 않으면,

하늘 왕국에 결코 들어가지 못할 것입니다."(마태복음 5:20) 서기관과 바리새인은 그들이 사는 사회의 외적 모습, 규칙과 관습, 다른 사람이 좋게 생각해주길 바라는 헛된 희망에 영향을 받고 지배되는 사람을 의미합니다. 이러한 마음 상태를 넘어서지 않으면 당신의 삶은 제한될 것입니다. 즉, 소망을 이루지 못하고 목표를 놓치며 죄를 짓게 됩니다.

사회의 기준에 맞추려는 표면적 의로움은 원하는 존재가 이미 되었다는 진정한 의로움을 초월하지 못합니다. 가정의 법칙을 사용할 때 조심해야 할 가장 큰 함정은 새로운 집, 더 나은 직업, 더 많은 통장 잔액처럼 물질에 주의를 집중하는 행동입니다.

물질에 주의를 기울이는 행동은 진정한 의로움이 아닙니다. 의로움은 물질적인 것 자체가 아닙니다. 의로움은 의식이며, 원하는 사람이 이미 되었다는 감각이자, 열망하는 것을 지금 가지고 있다는 느낌입니다.

"하느님의 왕국과 그분의 의로움을 첫째로 구하십시오. 그러면 그 모든 것들이 여러분에게 더해질 것입니다."(마태복음 6:33) 하느님의 왕국, 즉 I AM의 모든 창조물은 당신 안에 있습니다. 의로움은 당신이 그 모든 것을 이미 가지고 있다는 인식입니다.

10 장

꿈꾸는 시간의
길이보다
빈도가 중요하다

"예수님께서 그들에게 말씀하셨습니다. 여러분 중 한 사람이 한 밤중에 친구를 찾아가 이렇게 말한다고 생각해보십시오. '친구여, 빵 세 덩이만 빌려주게. 내 친구가 여행 중에 나를 찾아왔는데 그에게 대접할 것이 전혀 없네.' 그러자 그 친구는 안에서 이렇게 말합니다. '귀찮게 하지 말게. 문은 이미 닫혔고 아이들은 나와 함께 잠자리에 들었네. 그러니 내가 자리에서 일어나 자네에게 빵을 줄 수 없네.' 이렇듯 친구라는 이유로 그가 일어나서 여러분에게 빵을 주지는 않을 것입니다. 그러나 여러분이 끈질기게 요청하면 그는 일어나 여러분이 필요한 만큼 빵을 내어줄 것입니다. 그러니 여러분에게 말합니다. 구하십시오. 그러면 받을 것입니다. 찾으십시오. 그러

면 발견할 것입니다. 두드리십시오. 그러면 열릴 것입니다."(누가복음 11:5-9)

이 구절에는 세 명의 주요 인물이 등장합니다. 바로 당신과 언급된 두 명의 친구입니다. 빵을 가진 첫 번째 친구는 바로 의식이 열망하는 상태를 말합니다. 여행 중에 당신을 찾아온 두 번째 친구는 실현되기를 바라는 열망을 뜻합니다. 주요 등장인물의 수인 숫자 3은 완전함과 완성을 상징합니다. 빵은 물질을 나타냅니다. 닫혀 있는 문은 보이는 것과 보이지 않는 것을 구분하는 감각을 의미합니다. 잠자리에 든 아이들은 휴면 상태에 빠진 생각들을 뜻합니다. 자리에서 일어날 수 없다는 표현은 열망하는 의식 상태가 당신에게 일어날 수 없으며, 당신이 그것을 향해 나아가야 한다는 의미입니다. 끈질기게 요청한다는 말은 간청을 멈추지 않는 일종의 뻔뻔스러운 집요함을 뜻합니다. 구하라, 찾아라, 두드리라는 권고는 원하는 것을 이미 갖고 있다고 의식적으로 가정하라는 의미입니다.

그러므로 성경은 소원이 이미 이루어졌다는 의식을 향해 끊임없이 나아가 가정해야 한다고 말합니다. 성경은 분명히 이렇게 약속합니다. 이미 이루어졌다고 집요하고 뻔뻔스럽게 가정하면, 가정의 결과는 당신에게 주어질 것입니다. 즉, 당신의 열렬한 바람은 이루어집니다.

성경은 많은 일화를 활용해 지속적인 태도의 필요성을 가르칩니다. 야곱은 자신과 씨름하던 천사에게 축복을 요청하며 이렇게 말했

습니다. "나를 축복하지 않으면 당신을 보내 주지 않을 것입니다."(창세기 32:26)

수넴 지역 출신의 여인은 엘리사에게 도움을 청할 때, 이렇게 말했습니다. "주님께서 살아 계심과 당신의 영혼이 살아 있음을 앞에 두고 맹세하니, '나는 당신을 떠나지 않겠습니다.' 그러자 엘리사가 일어나 그녀를 따라갔습니다."(열왕기하 4:30)

같은 생각이 성경의 다른 구절에도 등장합니다. 그리고 예수님께서 항상 기도하고 낙담하지 말아야 한다고 비유를 들어 말씀하셨습니다. "어느 도시에 하느님을 두려워하지도, 사람을 존중하지도 않는 재판관이 있었습니다. 그 도시에 한 과부가 살았는데, 과부는 재판관을 찾아가 이렇게 말했습니다. '원수를 향한 제 원한을 풀어주십시오.' 재판관은 한동안 그 말을 들어주려 하지 않았지만, 나중에 속으로 이렇게 생각했습니다. '나는 하느님을 두려워하지 않고 사람을 존중하지도 않지만, 과부가 계속 나를 못살게 구니 원한을 풀어줘야겠다. 그러면 끈질기게 찾아와 성가시게 굴지 않겠지.'"(누가복음 18:1-5)

이 모든 일화에 내재한 근본적 진리는 다음과 같습니다. 열망이 궁극적으로 달성된 모습을 먼저 인식해야 열망이 샘솟기 시작하며 열망이 이미 실현되었다는 의식을 끊임없이 유지해야 결과적으로 열망이 성취된다는 점입니다.

기도가 응답받은 상태에 몰입해 그 감각을 느끼는 것만으로는 충분하지 않습니다. 당신은 그 상태를 계속해서 유지해야만 합니다. 이것이 바로 예수님께서 다음과 같이 명령하신 이유입니다. "사람은 항상 기도하고 낙담하지 말아야 합니다."(누가복음 18:1) 이 구절에서 말하는 기도는 열망하는 것을 이미 가지고 있다고 감사를 표하는 행위입니다.

소원이 이루어졌다는 가정을 지속하는 행동만이 당신의 마음에 미묘한 변화를 일으켜 원하는 변화를 삶에 가져올 수 있습니다. 가정에 반응해 바뀌는 대상이 앞에서 언급한 천사인지 엘리사인지 내켜 하지 않는 재판관인지는 중요하지 않습니다. 모든 것이 당신의 지속적인 가정과 조화를 이루며 반응해야만 합니다.

당신의 세계에서 다른 사람들의 태도가 영 탐탁지 않게 보이는 것은 그들이 마지못해 행동하기 때문이 아닙니다. 당신이 원하는 삶을 이미 살고 있다는 가정을 지속하지 못하고 있기 때문입니다.

가정이 효과를 발휘하려면 단발적인 행동에 그쳐서는 안 됩니다. 소원이 이루어졌다는 태도를 끊임없이 유지해야 합니다. 가정을 지속하는 태도는 당신이 열망에 대해 생각하게 만드는 대신, 열망이 성취된 상태에서부터 생각하도록 이끌어 당신의 열망을 실현해나갑니다. 그리고 열망이 실현된 상태를 자주 상상함으로써 꾸준한 태도를 유지할 수 있습니다.

가정을 자연스럽게 느끼게 하는 것은 시간의 길이가 아니라 빈도입니다. 당신의 의식이 끊임없이 되돌아가는 대상이 당신의 진정한 자아를 형성합니다. 소원이 이루어졌다는 느낌을 자주 가지십시오.
그것이 성공의 비결입니다.

11장

당신이 느끼는 감정에 충실하고 감사하라

모든 창조물 안에서, 한없이 흐르는 영원 속에서, 당신의 무한한 존재의 전 영역 안에서 가장 경이로운 사실은 세상에 단 하나의 I AM이 있고, 당신이 바로 그 I AM이라는 사실입니다.

"주님께서 사랑하지 않으셨더라면, 결코 그 어떤 것도 창조하지 않으셨을 것입니다."

— 지혜서 The Wisdom of Solomon● 11:24

• 성경에서 제외된 외경으로 가톨릭에서 제2정경으로 채택했습니다.

당신은 하느님이며 "스스로 존재"하는 자입니다. 당신은 의식이며 창조주입니다. 이 점이 바로 신비이자, 선지자와 예언자와 신비주의자들이 여러 시대에 걸쳐 발견한 위대한 비밀입니다. 절대 머리로는 알 수 없는 진리입니다.

여기서 말하는 당신은 누구입니까? 당신이 존 존스나 메리 스미스라는 생각은 터무니없습니다. 당신을 존 존스나 메리 스미스라고 자각하는 주체는 의식입니다. 의식은 당신의 더욱 큰 자아이며 더 깊은 자아이고 무한한 존재입니다. 당신이 부르고 싶은 대로 의식을 부르십시오. 중요한 점은 의식이 당신 안에 있고 바로 당신이며 당신의 세상이라는 사실입니다.

이 사실이 바로 변치 않는 가정의 법칙을 지탱하는 토대입니다. 이 사실 위에 당신이라는 존재가 세워져 있습니다. 이 사실이 바로 모든 것의 기초입니다. 하지만 당신은 이 사실을 절대 머리로 알 수 없고 논쟁할 수 없으며 입증할 수도 없습니다. 오직 느낄 수 있으며 단지 알아차릴 뿐입니다.

이 사실을 알아차리면 하나의 강렬한 감정이 당신의 존재에 스며들며 당신은 끊임없는 경외감 속에서 살아가게 됩니다. 당신의 창조주가 바로 당신이고 당신을 사랑하지 않았더라면 결코 당신을 만들지 않았을 것을 이해한다면 당신의 마음은 헌신과 동경으로 채워져야 합니다.

아주 짧은 순간, 당신을 둘러싼 세상을 깨달음의 시선으로 딱 한

번 바라보는 것만으로도 당신은 깊은 경외감과 숭배심으로 가득 찹니다. 마음속에 경외심이 강렬히 올라올 때, 당신은 하느님과 밀착됩니다. 당신이 하느님과 가장 가까워진 순간, 당신의 삶은 끝없이 풍요로워집니다.

우리가 느끼는 가장 깊은 감정은 표현해내기 무척 어렵습니다. 심지어 숭배의 행위 속에서도 침묵이 제일 드높은 찬양입니다.

I AM
THAT
I AM

당신은 생각을 바꿈으로써 미래를 바꿀 수 있습니다.
우리는 상상력과 확언으로 세상을 바꾸고 미래를 변화시킬 수 있습니다.
자신에 대한 새롭고 더 높은 관념을 세상에 구현하려고 열렬히 애쓴다면
모든 것이 우리를 위해 준비될 것입니다.

3부

내면의 감정을 결정하는

태도의 힘

THE IDEAS

of

NEVILLE

GODDARD

I AM THAT I AM

1장

흔들림 없이 가정을 실천하는 법

저는 수많은 경우에 이 가정의 법칙을 적용했고 법칙이 성공적이라는 사실을 입증해냈습니다. 제가 이룬 모든 성공은 소원이 이미 이루어졌다는 흔들리지 않는 가정 덕분입니다. 이 책에 제시된 원칙이 보여주는 진리가 저의 개인적 경험을 통해 몇 번이고 증명되었다는 사실은 상당히 중요합니다.

저는 확고한 가정에 의해 열망이 실현되리라는 사실이 운명처럼 정해졌다고 확신했습니다. 소원이 이루어진 느낌을 수없이 가정했고 열망이 완벽히 실현될 때까지 가정을 지속해 나갔습니다.

확신과 결의라는 고귀한 정신을 갖고 삶을 살아가십시오. 열망의 실현을 부정하는 외적 상황, 조건, 나아가 당신의 감각이 주는 모든 증거까지 무시하십시오. 당신이 원하는 존재가 이미 되었다는 가정 속에서 안식하십시오. 굳건한 가정 속에서 당신과 무한한 존재, 즉 하느님은 창조의 통합을 이룹니다.

하느님과 함께라면 모든 것이 가능합니다. 하느님께서는 절대 실패하지 않으십니다. "누구도 그분의 손을 막거나, 그분께 '무슨 일을 하신 겁니까?'라고 물을 수 없습니다."(다니엘서 4:35)

가정을 지배해나가면 당신은 진정으로 삶을 다스릴 수 있는 능력을 얻을 수 있습니다. 이것이 바로 삶의 계단을 오르는 방식이며 이상을 실현하는 길입니다.

당신 삶의 진정한 목적을 알려주는 실마리는 이상의 실현을 깊이 자각하며 이상에 당신을 온전히 내맡길 때 찾아옵니다. 당신은 이상 적인 삶을 살기 시작하고, 당신의 삶에서 자신을 내맡기기 전의 모습은 사라집니다. "그분은 없는 것을 있는 것처럼 부르시니, 보이지 않던 것들이 보이게 되었습니다."(로마서 4:17)

각각의 가정은 그것과 부합하는 세계를 가집니다. 당신이 진정으로 주의를 기울여 관찰한다면 절대 바꿀 수 없는 듯이 보이는 상황까지 변화시키는 가정의 힘을 알아차릴 것입니다. 당신은 의식적 가정을 통해 당신이 살아가는 세계의 본질을 결정짓고 있습니다.

현재 상태를 무시하고 소원이 이루어졌다고 가정하십시오. 가정을 사실이라고 주장하십시오. 그러면 가정이 응답할 것입니다. 가정의 법칙은 당신의 열망이 실현될 수 있는 수단입니다.

삶의 모든 순간에 당신은 의식적이든 무의식적이든 어떤 감정을 가정합니다. 먹고 마시는 일을 피할 수 없듯이 감정을 가정하는 일 역시 피할 수 없습니다. 당신이 할 수 있는 일은 가정의 본질을 통제 하는 것뿐입니다. 그러므로 가정을 통제하는 일이야말로 끊임없이 확장되고 더 행복하고 더욱 고귀한 삶을 향해가는 열쇠라는 점이 분명히 드러납니다.

2장

안정된 삶을 이끄는
한 문장의 힘

사람들 대부분은 상상력의 창조적 힘을 전혀 인식하지 못한 채, '사실'이라는 명령 앞에 예외 없이 고개를 숙이고 외부 세계의 기준에 따라 삶을 받아들입니다. 하지만 당신이 내면에 있는 창조력을 발견하면 당신은 상상력의 우월성을 당당히 주장하고 모든 것을 상상력 아래 복종시킬 것입니다.

모든 사람은 자기 삶의 여정을 바꿀 수 있다고 여깁니다. 우리는 상상력과 확언으로 세상을 바꾸고 미래를 변화시킬 수 있습니다. 자신에 대한 새롭고 더 높은 관념을 세상에 구현하려고 열렬히 애쓴다면 모든 것이 우리를 위해 준비될 것입니다.

한 신문 기자가 제게 위대한 과학자인 로버트 앤드루스 밀리컨

Robert Andrews Millikan●의 일화를 들려줬습니다. 밀리컨 박사가 아직 가난하고 미래에 위대한 업적을 쌓을 것이라고 촉망받지 못했던 젊은 시절, 그는 스스로 목표를 세웠습니다. 그는 위대해지고 안정된 삶을 살고 싶다는 꿈을 담아 간결한 한 문장을 만들었습니다. 이 문장에는 그가 이미 저명한 과학자가 되어서 안정된 삶을 살고 있다는 암시가 들어 있었습니다. 그는 위대해지고 안정되었다는 생각이 그의 마음을 가득 채우고 의식에서 다른 모든 생각을 밀어낼 때까지 이 문장을 반복해서 되뇌었습니다.

밀리컨 박사가 똑같이 말하지 않았을 수는 있지만 제가 전해 들은 문장을 인용하겠습니다.

"나는 풍족하고 꾸준하고 확실한 수입을 가지며, 그 수입은 도덕적으로 옳고 공동체의 이익에 부합한다."

제가 반복해서 말했듯이 모든 것은 자신을 향한 자신의 태도에 달려 있습니다. 우리가 스스로 진실이라고 확언하지 않은 대상은 우리 삶에 나타나 번성할 수 없습니다. 밀리컨 박사는 저명한 과학자가 되어 안정된 삶을 살고 싶은 자신의 꿈을 1인칭 현재 시제로 적었습니다.

• 기본전하량과 광전효과를 연구해 1923년 노벨물리학상을 받은 미국의 과학자입니다.

그는 "나는 위대해질 것이다, 안정될 것이다"라고 말하지 않았습니다. 그 말에는 그가 위대하지 않고 안정되지 않았다는 사실이 내포되어 있기 때문입니다. 대신에 그는 미래의 꿈을 현재의 사실로 만들었습니다.

미래의 꿈은 실현하려는 사람의 마음속에서 현재의 사실이 되어야만 합니다. 우리는 목표를 달성했을 때 현실에서 마주할 상황을 상상 속에서 경험해야 합니다. 상황에 직접 들어가 상상하는 영혼은 그 상상의 결과를 깊이 받아들이기 때문입니다. 만약 영혼이 상황에 몰입해 상상하지 않으면 결과는 언제나 요원할 뿐입니다.

이 가르침의 목적은 우리를 더 높은 의식 상태로 끌어올려서 우리 안의 가장 고귀한 것을 자극해 우리가 자신감을 갖고 자기 확신을 하도록 이끄는 것입니다. 우리 안의 가장 고귀한 것을 일깨우는 힘이 우리의 스승이자 치유자이기 때문입니다. 뭔가를 교정하거나 치유할 때 가장 첫 번째로 해야 할 말은 언제나 "일어서라"입니다. 성경에 "일어서라"*는 명령이 끊임없이 나오는 이유를 이해하려면 우주가 무한한 단계의 연속체이며 우리가 어떤 사람인지는 지금 놓여 있는 단계에 따른다는 점을 내면에서 깨달아야만 합니다. 의식 수준이 올라가면 우리의 세상은 높아진 수준과 조화를 이루며 스스로 재구성됩니다. 기도하며 더 나은 모습을 일으킨 사람은 기도에 응답

---

* 성경에 일어서라는 명령은 수차례 등장하며 주로 영적이거나 신체적인 회복 또는 새로운 시작을 의미합니다.

을 받은 것입니다.

현재 상태를 바꾸기 위해서 우리는 밀리컨 박사처럼 더 높은 의식 수준으로 올라가야만 합니다. 이러한 상승은 우리가 이미 원하는 존재가 되었다고 확언하고 소원이 성취되었다는 느낌을 가정함으로써 이루어집니다. 삶의 드라마는 심리적이어서 우리가 겉으로 보여주는 행동이 아닌 내면의 태도를 통해 이루어집니다. 지금 처한 곤란한 상황에서 벗어날 방법은 심리적으로 급격히 변화하는 것뿐입니다. 모든 것은 자신을 향한 자신의 태도에 달려 있습니다. 스스로 진실이라고 확언하지 않은 대상을 삶에 나타낼 수는 없습니다.

우리는 겸손한 사람, 온유한 사람에 대해 많이 듣습니다. 하지만 온유한 사람이란 어떤 사람일까요? 그는 일반적 인식과는 달리 하찮지 않고 비굴하지 않으며 소위 만만히 대해도 적절히 대응하지 못하는 사람이 아닙니다. 자신을 벌레처럼 여기는 사람은 고귀한 삶의 비전을 잃어버린 것입니다. 고귀한 삶의 비전이란 영혼의 목적에 따라 지금 살아가는 삶을 변화시켜 더 높은 삶의 모습에 가까워지려는 바람입니다.

사람들은 자신의 삶에서가 아니라 밀리컨 박사 같은 사람에게서 기준을 찾아 자신이 어느 단계에 있는지 가늠해야 합니다. 그는 빈곤하고 잠재력을 보여주지 못했을 때도 과감하게 "나는 풍족하고 꾸준하고 확실한 수입을 가지며, 그 수입은 도덕적으로 옳고 공동체의 이익에 부합한다"라고 가정했습니다. 이러한 사람들이 바로 복음서에서 말하는 온유한 사람들이며 땅을 상속받을 사람들입니다.

자신에 대한 어떤 관념이든 그것이 최고가 아니라면 우리는 땅을 빼앗깁니다. 약속은 이렇습니다. "온유한 자에게는 복이 있나니, 그들은 땅을 상속받을 것입니다."(마태복음 5:5) 성경의 원문에서 '온유한'으로 번역된 단어는 '분개하는', '화나는' 뜻의 단어와 반대말입니다. 원문 단어는 마치 야생 동물이 길드는 것처럼 '길드는' 의미를 포함하고 있습니다. 길든 마음은 포도나무 덩굴과 비슷해집니다. 앞서 말했듯이 로버트 사우디는 『파괴자 탈라바』에서 마음을 이렇게 묘사했습니다.

"이 포도나무를 보십시오. 이 나무는 야생에서 자라 길든 적이 없었고, 무모하게 힘을 쓰며 가지를 마구잡이로 뻗어냈습니다. 하지만 제가 가지를 치자, 나무는 쓸모없이 잎을 낭비하지 않게 되었습니다. 보시다시피 이제 나무는 깨끗하고 풍성한 송이를 맺으며 덩굴을 이뤘고, 자신을 현명하게 상처입힌 손에 보답하고 있습니다."

온유한 사람은 자신을 절제합니다. 그는 절제력이 매우 뛰어나서 오직 가장 좋은 것만 보고 최상의 것만을 생각합니다. 그는 성경의 권고를 실천합니다. "형제들이여, 무엇이든 진실한 것, 정직한 것, 공정한 것, 순수한 것, 사랑스러운 것, 좋은 말을 듣는 것들과 미덕이 있고 칭찬받을 일이 있다면 그것에 대해서 숙고하십시오."(빌립보

서 4:8)

우리는 욕망을 억눌러왔기 때문이 아니라 미덕을 길러왔기 때문에 더 높은 의식 수준으로 상승합니다. 진실로 온유한 사람은 기분을 완벽히 통제하고 가장 고양된 상태를 유지합니다. 가장 높고 고귀한 존재와 함께 걸으려면 고양된 기분을 항상 지속해야 한다는 점을 알고 있기 때문입니다.

저는 모든 사람이 밀리컨 박사처럼 삶의 여정을 바꿀 수 있다고 믿습니다. 자신의 열망을 현재의 사실로 만든 밀리컨 박사의 방식은 '진리'를 찾는 모든 사람에게 매우 중요합니다. 또한 '공동체의 이익'을 추구하는 그의 고귀한 목적을 우리도 모두 필연적으로 추구해야 합니다. 모두에게 선한 것을 상상하는 일이 순전히 이기적 상상을 하는 일보다 훨씬 더 쉽습니다.

우리는 상상력과 확언을 통해 세상과 우리에게 다가올 미래를 바꿀 수 있습니다. 높은 목적을 가진 사람, 자신을 절제하는 사람에게 상상력과 확언은 자연스러운 수단입니다. 그러므로 우리 모두 자신을 절제합시다.

저는 프레더릭 베일즈Frederick Bailes ● 박사의 초청을 받아 라 시에네가 대로 근처에 있는 윌셔 대로에 자리한 폭스 윌셔 극장에서 강연을 진행했습니다. 주제는 '당신의 미래를 바꾸십시오'였습니다. 저는

● 정신적 사고 패턴이 치유에 미치는 영향을 연구한 형이상학적 치유자로서 미국에서 작가와 강연자로 활동했습니다.

이 주제가 우리 모두의 마음에 깊이 와닿는다고 생각합니다. 여러분도 모두 어떻게 절제하는 사람, 온유한 사람이 되어 자신의 미래를 바꾸고 우리 이웃에게 이익이 되는지 배우기를 바랍니다.

당신이 주의를 기울인다면 제가 전하는 메시지를 듣고 여러분의 모든 감정이 재빨리 공명하거나 반응하는 것을 알아차릴 것입니다. 그리고 변화된 기분과 일상에서 벌어지는 상황 사이의 관계를 잘 연결할 수 있을 것입니다. 우리는 기분과 삶의 상황 사이의 관계를 확신할 때, 우리에게 찾아오는 모든 것을 기꺼이 받아들입니다. 그리고 우리가 마주하는 모든 것이 자신의 일부라는 사실을 알게 됩니다.

새로운 삶을 창조하려면 기분을 바꾸며 첫걸음을 내디뎌야 합니다. 사람이 느끼는 고양된 기분은 모두 그가 더 높은 단계로 올라가도록 문을 열어줍니다. 고양된 기분 자체나 고양된 기분을 느끼는 공동체를 중심으로 삶을 형성해나가십시오. 공동체뿐만 아니라 개인도 더 높은 이상에 도달할수록 영적으로 성장합니다. 이상이 낮을수록 그 깊이까지 가라앉고 이상이 숭고할수록 상상도 못 할 높이까지 올라갑니다. 고양된 기분을 유지해야만 가장 높고 고귀한 존재와 함께 걸을 수 있습니다. 우리가 향하는 높은 곳 역시 사람들이 머물기 위해 존재합니다.

창조적 상상의 모든 형태에는 감정의 요소가 내포되어 있습니다. 감정은 창조를 만들어내는 효모입니다. 감정이 없다면 어떤 창조도

가능하지 않습니다. 현재 상태를 초월하려는 우리의 열망에는 잘못이 없습니다. 인간이 자신에 대해 만족에 머문다면 세상은 어떤 진보도 이루어지지 않을 것입니다. 우리가 개인의 삶이 더 아름다워지기를 바라는 행동은 자연스럽습니다. 더 큰 이해, 더 나은 건강, 더 확고한 안정성을 희망하는 행동 역시 옳습니다. "여러분은 지금까지 내 이름으로 아무것도 구하지 않았습니다. 구하십시오. 그러면 받을 것이고 여러분의 기쁨이 충만해질 것입니다."(요한복음 16:24)

인류에게는 영적 부흥이 필요합니다. 하지만 제가 말하는 영적 부흥은 밀리컨 박사가 그랬듯이 개개인이 새롭고 더 높은 자신을 구현하려는 도전을 스스로 받아들이는 참된 종교적 태도를 보이는 것을 의미합니다. 한 국가가 보여주는 지혜의 수준은 구성원이 가진 지혜의 수준을 넘어설 수 없습니다. 이러한 이유로 저는 자신을 돕는 자세의 중요성을 항상 강조해왔습니다. 우리가 자신을 도우려고 열정적으로 노력한다면, 다시 말해 자신에 대한 새롭고 더 높은 관념을 구현하려고 애쓴다면 다른 모든 형태의 도움이 우리를 위해 제공될 것을 알고 있기 때문입니다.

우리가 따르며 성취하기를 희망하는 이상은 새롭게 구현될 준비가 되어 있습니다. 하지만 우리가 이상의 부모로서 해야 할 역할을 다하지 않으면 이상은 세상에 태어날 수 없습니다. 우리는 마치 희망하는 대로 사는 것처럼 자신이 바라던 모습의 존재가 이미 되었다고 확언해야만 합니다. 밀리컨 박사가 그랬듯이 우리의 가정이 외부세계에서는 거짓처럼 보이더라도, 계속 지속해나가면 사실로 굳어질 것이라는 사실을 알고 있어야 합니다.

완벽한 사람은 외면만 보고 판단하지 않습니다. 그는 의롭게 판단합니다. 그는 희망하는 모습대로 자신과 다른 사람을 바라봅니다. 그는 듣고 싶은 것만 듣습니다. 그는 오직 선한 것만 보고 듣습니다. 그는 진리를 알고 진리는 그를 자유롭게 하여 그를 선으로 인도합니다. 진리는 모든 인류를 자유롭게 할 것입니다. 이것이 우리의 영적 부흥입니다. 인격이란 스스로 방향을 선택해 주의를 기울이고 지속한 결과입니다.

"진실하게 생각하십시오. 그러면 당신의 생각이 굶주린 사람을 먹일 것입니다. 진실하게 말하십시오. 그러면 당신의 말 한마디가 모두 열매를 맺는 씨앗이 될 것입니다. 진실하게 사십시오. 그러면 당신의 삶이 위대하고 고귀한 교리가 될 것입니다."

— 호라티우스 보나르, 『믿음과 희망의 찬송가 모음집』

3 장

사랑과 연민으로
변화할 미래를
상상하라

"오, 그건 그의 상상일 뿐이야." 당신은 이러한 말을 몇 번이나 들었습니까? 사람의 상상력은 그 사람 자체입니다. 결코 상상일 뿐이라는 말에 그치지 않습니다. 누구나 상상력을 어느 정도 갖고 있습니다. 하지만 자신의 상상력을 훈련하는 사람은 매우 드뭅니다. 상상력은 그 자체로 파괴될 수 없습니다. 그리고 이 지점에서 상상력을 잘못 사용했을 때의 공포가 시작됩니다.

우리는 종종 길을 걸으며 낯선 사람이 혼잣말하는 모습을 목격합니다. 그는 지금 여기에 없는 사람과 머릿속에서 한창 언쟁을 벌이는 중입니다. 그는 두려움이나 증오에 빠져 격렬히 논쟁하느라 자신이 상상력을 사용해 곧 마주하게 될 불쾌한 상황을 일으키고 있다는 사실을 알아채지 못합니다.

상상력이 보는 세상이 진짜 세상입니다. 우리의 일상을 형성하는 것은 사실이 아니라 상상의 산물입니다. 허구의 세상에 사는 사람은 오히려 정확하고 문자 그대로 사고하는 사람입니다. 우리는 사실이라고 여기는 경험 때문에 에덴에서 쫓겨났으며 오직 상상력만이 우리에게 잃어버린 에덴을 되찾아줄 수 있습니다. 상상력은 우리가 에덴을 인식했던 감각이며 비전을 실체로 바꾸는 힘입니다.

인간이 발전해나가는 모든 단계는 상상력의 활동으로 이루어집니다. 사람들이 결과를 완벽히 확신할 수 있는 상황에서 전적으로 믿고 상상하지 않기 때문에 그 결과는 때때로 불확실해집니다. 그러므로 확고한 상상은 모든 성공적 활동의 시작이 됩니다. 오직 상상력만이 의도를 실현하는 수단입니다. 자신이 가진 상상력의 힘 덕분에 원하는 이미지가 무엇이든 뜻대로 머릿속에서 그려낼 수 있는 사람은 예측할 수 없는 변화의 영향을 가장 덜 받습니다. 고립된 사람이나 갇혀 있는 사람도 강렬한 상상력과 감정을 통해 무수한 사람에게 영향을 미치고, 많은 사람을 이끌어 행동하며 여러 사람의 목소리로 말할 수 있습니다.

"우리는 결코 확신해서는 안 됩니다. 사람들의 마음을 미묘하게 바꾸기 시작한 사람은 포도를 밟아 포도주를 만드는 한 여인일 수 있습니다. 열정은 보잘것없는 양치기 소년의 마음에서 피어나 잠시

그의 눈을 밝히고 여러분에게 퍼졌는지도 모릅니다."

— 윌리엄 버틀러 예이츠, 『선과 악에 대한 생각들』

앞에서 가정의 법칙을 소개하며 언급한 제 소중한 친구의 일화를 들려드리겠습니다. 당시 그녀는 뉴욕에 있는 극장에서 의상 디자이너로 일하고 있었습니다. 어느 날, 그녀는 한 프로듀서와 일하는 것이 매우 힘들다고 털어놓았습니다. 그는 매사 삐딱하게 굴었고 그녀가 만든 최고의 작품에 부당하게 퇴짜를 놓았습니다. 종종 무례한 행동을 했고 그녀에게만 일부러 불공평하게 구는 듯했습니다. 그녀의 이야기를 듣자마자 저는 그녀에게 사람들은 바로 우리가 비밀스레 속삭인 것을 메아리처럼 돌려줄 뿐이라는 사실을 알려주었습니다.

그녀가 얼굴을 마주할 때가 아니라 조용히 혼자 있을 때 머릿속으로 프로듀서와 논쟁을 벌인다는 점에는 의심의 여지가 없었습니다. 그녀는 매일 출근길에 그런 행동을 한다고 고백했습니다. 저는 그녀에게 프로듀서를 향한 태도를 바꾸고 그가 그녀의 멋진 디자인을 칭찬하고 그녀는 답례로 그의 칭찬과 친절한 행동에 감사를 표하는 가정을 하라고 권유했습니다.

이 젊은 디자이너는 저의 조언을 받아들였고 극장으로 걸어가는 출근길에 프로듀서가 그녀의 작품을 칭찬하고 그녀는 칭찬을 듣고 감사의 말을 전하는 완벽한 관계를 상상했습니다. 매일 아침 그녀는 이렇게 상상했고 얼마 지나지 않아 자신의 태도가 자신이 사는 삶의 풍경을 결정짓는다는 사실을 스스로 깨우쳤습니다. 이후 프로듀서의 행동은 완전히 바뀌었습니다. 그는 그녀가 만났던 고용주 중에서 가장 친절하고 전문적인 사람으로 바뀌었습니다. 그의 행동은 그녀가 마음속으로 속삭이는 말의 변화를 단순히 반영할 뿐이었습니다. 그녀는 상상의 힘으로 이 일을 해냈습니다. 그녀의 상상이 그의 생각과 반응을 이끌었습니다. 그녀가 혼자 걸어가는 듯이 보이던 순간에도 그녀는 그와 나누게 될 대화를 그에게 지시하고 있었던 것입니다.

바로 지금 여기에서 당신의 상상력을 통제하고 훈련할 수 있는 매일의 활동을 정합시다. 친구를 위해 당신이 아는 친구의 가장 좋은 모습보다 더 나은 모습을 가정하고 상상하면 됩니다. 성품을 형성하는 불씨는 아무리 꺼진 것처럼 보여도 조금만 뒤적이면 다시 빛나고 불타오를 수 있습니다. 그러니 비난하지 말고 오직 결심하십시오. 인생은 음악과 같아서 새롭게 설정하면 모든 불협화음을 조화로운 화음으로 바꿀 수 있습니다. 친구가 열망하는 대로 이미 존재하는 모습을 떠올리십시오. 우리가 어떤 태도로 다른 사람에게 접근하든, 우리가 보여준 비슷한 태도가 돌아온다는 사실을 알고 계십시오.

그렇다면 우리는 어떻게 상상력을 훈련할 수 있을까요? 제 친구가 했던 대로 해보십시오. 라포를 형성하기 위해 우선 머릿속에서 친구를 부르세요. 친구에게 주의를 집중하고 마치 길에서 우연히 친구를 보고 이름을 불러 주의를 끌듯이 머릿속에서 그의 이름을 부르면 됩니다. 그가 대답했다고 상상하며 정신적으로 그의 목소리를 들으세요. 당신이 친구에게 일어나길 바라는 좋은 소식을 친구가 전하는 모습을 상상하세요. 당신은 그 소식을 듣고 그에게 행운이 찾아와서 얼마나 기쁜지 말합니다. 듣고 싶었던 말을 머릿속으로 들은 후, 당신은 황홀함을 느낀 채 일상생활을 하면 됩니다. 당신이 상상한 대화는 확언한 것을 반드시 깨워야만 합니다. 목표를 받아들이면 수단은 자연스레 정해집니다. 아무리 가장 지혜롭게 숙고한다 하더라도, 목표를 받아들여 정해지는 수단보다 더 효과적인 방법을 고안할 수는 없습니다.

하지만 친구와 대화할 때 당신이 듣고 말한다고 상상하는 것의 진실성을 조금이라도 의심해서는 안 됩니다. 상상력을 통제하지 않으면 당신은 이전에 들었고 말했던 것만 듣고 말하고 있는 자신을 발견하게 될 것입니다. 우리는 습관의 산물입니다. 습관은 법칙이 아니지만 마치 세상에서 가장 강력한 법칙처럼 작용합니다. 상상력의 힘에 대한 이러한 지식을 바탕으로 훈련된 사람처럼 행동하고, 사랑스러운 것과 좋은 말을 듣는 것들만 상상하고 느끼며 당신의 세상을 바꾸십시오. 당신 안에서 깨어난 아름다운 생각은 다른 사람 안에서도 비슷한 생각을 반드시 불러일으킬 것입니다.

수확을 위해 넉 달을 기다리지 마십시오.* 오늘이 바로 당신의 상상력을 통제하고 훈련할 날입니다. 사람은 오직 빈곤한 상상력과 부족한 집중력 때문에 제한받을 뿐입니다. 성공의 위대한 비결은 상상력을 통제하고 성취하고 싶은 목표에 굳세고 반복적으로 주의를 집중해 유지하는 데 있습니다.

"지금이 바로 주님께서 재를 대신하여 아름다운 장식을, 애통함을 대신하며 기쁨의 기름을, 낙담한 영을 대신하여 찬양의 옷을 주실 적당한 때입니다. 그러므로 그들은 주님께서 영광스럽게 되려고 심으신 의로움의 나무라고 불리게 될 것입니다."(이사야서 61:3) 지금이 바로 우리의 상상력과 집중력을 통제해야 할 때입니다.

여기서 통제란 의지로 억제한다는 뜻이 아니라 오히려 사랑과 연민을 갖고 상상력과 집중력을 길러나간다는 의미입니다. 불협화음을 내는 세상의 수많은 상황 속에서 상상력을 지닌 사랑의 힘은 아무리 강조해도 지나치지 않습니다. '상상력을 지닌 사랑'은 베일즈 박사를 대신해서 제가 강연을 했던 주제이기도 합니다.

강연은 라 시에네가 대로 근처에 있는 윌셔 대로에 자리한 폭스 윌셔 극장에서 오전 열 시 반에 시작됐습니다. "세상이 가는 길을 인간이 따라간다"라는 말은 "인간이 걷는 길을 세상이 따라간다"라고

---

* 요한복음 4:35에서 제자들이 수확하려면 넉 달을 기다려야 한다고 말하자, 예수님께서는 밭이 희어져 지금 수확하게 되었다고 말씀하시며 지금이 바로 행동할 때라고 강조하셨습니다.

바뀌어야만 합니다. 그리고 저는 여러분 한 명 한 명에게 스가랴의 말씀에 담긴 진정한 의미를 전하고 싶습니다.

"너희 모두 이웃에게 진실을 말하고, 너희 중 누구도 이웃을 해치는 악한 생각을 품지 말라."(스가랴서 8:16-17)

사람은 상상하는 대로 됩니다. 당신의 상상 속에서 사랑을 굳게 붙드십시오. "사람은 마음속에서 생각하는 모습대로 됩니다."(잠언 23:7) 당신은 이상을 창조함으로써 '이상적 이미지'에 가까워질 수 있습니다. 그렇게 점점 이상과 하나가 되고 결국 당신은 이상적 이미지로 변모하거나 그 이상에 내재한 특성을 당신 존재의 핵심으로 흡수합니다. 절대로 당신 안에 있는 힘을 잊어서는 안 됩니다. 상상력을 지닌 사랑은 보이지 않는 것을 보이게 하고 사막에 있는 우리에게 물을 제공합니다. 또한 영혼을 위해 알맞은 거처를 지어줍니다. 아름다운 것, 사랑스러운 것, 좋은 말을 듣는 모든 것들은 정원입니다. 그리고 상상력을 지닌 사랑은 그 정원으로 들어가는 길입니다.

"상상의 대화를 심으면 행동을 거두고, 행동을 심으면 습관을 거둡니다. 습관을 심으면 성격을 거두고, 성격을 심으면 당신의 운명을 거둡니다."

— 랠프 월도 에머슨

상상을 통해 우리는 좋은 운명, 나쁜 운명, 또는 좋지도 나쁘지도 않은 운명을 거두고 있습니다. 상상력은 목표를 실현하는 완전한 힘을 가지고 있으며 인간이 진보하고 퇴행하는 모든 과정은 상상력의 활동에 따라 이루어집니다. 저는 윌리엄 블레이크와 같은 믿음을 갖고 있습니다. 그는 "그렇게 보이는 것은 그렇게 여기는 사람에게만 그러합니다. 그리고 그것은 그렇게 보는 사람에게 가장 끔찍한 결과를 가져옵니다. 고통, 절망, 영원한 죽음까지도"라고 말했습니다. 우리는 상상하고 열망함으로써 자신이 원하는 존재가 됩니다. 그러므로 우리는 우리가 상상하는 것이라고 확언합시다. 우리가 소망하는 모습으로 존재한다는 가정을 지속하면, 우리는 상상해왔던 모습대로 변하게 될 것입니다.

우리는 사랑이라는 자연의 기적에 의해 태어났고 잠시 다른 사람의 보살핌에 전적으로 의존했습니다. 이 단순한 진리 안에 삶의 비밀이 숨겨져 있습니다. 사랑 없이는 우리는 결코 진정한 삶을 살 수 없습니다. 각각 개별적으로 존재할 때 부모에게는 생명을 전할 어떤 능력도 없습니다. 그래서 우리는 사랑의 결실이 생명이라는 근본 진리로 돌아오게 됩니다. 사랑이 없다면 생명도 없습니다. 그러므로 "하느님은 사랑이다"라는 말은 합리적입니다.

사랑은 태어날 때부터 주어진 우리의 권리입니다. 사랑은 우리 삶의 근본적인 필요입니다.

"자신이 무엇인지 찾으려 애쓰지 마십시오. 사랑을 찾으려 애쓰는 사람은 사랑이 없는 모습만 드러낼 뿐입니다. 사랑이 없는 사람은 결코 사랑을 찾지 못합니다. 오직 사랑하는 사람만 사랑을 찾으며, 그들은 사랑을 찾으려 애쓸 필요가 없습니다."

— D. H. 로런스 D. H. Lawrence

4장

이루어질 것을 믿는 사람들의 태도

당신의 기도로 응답을 받은 적이 있습니까? 기도할 때 뭔가 눈에 보이는 일이 일어날 것이라고 확신할 수 있다면 사람들은 무엇이든 내주지 않을까요? 이러한 이유로 저는 왜 어떤 기도는 응답받고 어떤 기도는 마치 메마른 땅에 떨어지는 것만 같은지 잠시 살펴보려 합니다.

"기도할 때 이미 받았다고 믿으십시오. 그러면 받을 것입니다."(마가복음 11:24) 기도할 때 이미 받았다고 믿는 태도는 사람에게 주어진 조건입니다. 우리가 받았다고 믿지 않으면 기도는 응답받지 못할 것입니다. 기도가 응답받았다는 말은 기도하지 않았더라면 일어나지 않았을 일이 기도의 결과로 이루어졌다는 사실을 의미합니다. 그러므로 기도하는 사람은 행동의 근원이자 방향을 정하는 마음이며 기도를 들어주는 존재입니다. 하지만 사람은 이러한 책임을 맡기를 거부합니다. 인간에게 책임은 보이지 않는 악몽처럼 느껴지기 때문입니다.

전체 자연 세계는 법칙 위에 세워졌습니다. 하지만 우리는 기도와 응답 사이에 법칙에 따른 관계가 있는지 보지 못합니다. 우리는 하느님께서 기도에 응답하시거나 기도를 무시하신다고 느낍니다. 우리의 기도가 과녁에 명중하거나 빗나간다고 생각합니다. 마음은 하느님께서 자신이 만든 법칙에 스스로 복종하신다는 사실을 여전히 인정하려 하지 않습니다. 기도와 응답 사이에 원인과 결과의 관계가 있다고 믿는 사람이 몇 명이나 되겠습니까?

누가복음 17장에 기록되어 있는 나병 환자 열 명을 치유한 방법에 대해 살펴보겠습니다. 이 이야기에서 그들의 믿음을 필요한 정도까지 끌어올리기 위해 예수님께서 사용하신 방법은 놀랍습니다. 성경에 따르면 나병 환자 열 명이 예수님께 "우리에게 자비를 베풀어주십시오"라고 말하며 자신들을 치유해달라고 간청했다고 합니다. 예수님께서는 그들에게 어서 가서 제사장들에게 몸을 보이라고 명령하셨고 "그들은 가는 도중에 깨끗해졌습니다."(누가복음 17:14)

모세 율법에 따라 나병 환자는 병이 나으면 제사장에게 가서 몸을 보이고 건강을 회복했다는 확인을 받아야만 했습니다. 예수님께서는 나병 환자들에게 믿음을 시험하는 과제를 주셨고 그들의 믿음을 최대치로 끌어올리는 방법을 제공하셨습니다. 나병 환자들이 가지 않으려 했다면 그들은 믿음이 없는 것이고 따라서 낫지 않았을 것입니다. 하지만 그들이 예수님께 순종한다면 그들은 제사장에게 가며 그 여정에 주어진 의미를 완벽히 깨우치게 되고 이 강렬한 생각이 그들을 치료할 것입니다. 그래서 성경에 "그들이 가는 도중에 깨끗해졌습니다"라고 쓰인 것입니다.

여러분은 틀림없이 이 오래된 찬송가에 담긴 영감 가득한 가사를 자주 들어봤을 것입니다. "오, 우리가 번번이 빼앗기는 평화, 우리가 짊어진 공연한 고통, 모두 하느님께 기도하며 맡기지 않기 때문이네."• 저는 기도의 본질에 대해 깊이 묵상하는 경험을 하며 스스로 이러한 확신에 이르렀습니다. 저는 사람들이 기도라고 부르는 행위와 여기에 내재한 철학을 믿습니다. 하지만 기도라는 이름을 가졌다고 해서 모두 진정한 기도인 것은 아닙니다. 기도는 우리가 추구하는 대상을 향해 마음을 일으켜 드높이는 것입니다. 뭔가를 교정하거나 치유할 때 가장 첫 번째로 해야 할 말은 항상 "일어서라"입니다. 우리가 구하는 것을 향해 항상 마음을 끌어올리십시오. 이것은 소원이 성취됐다는 느낌을 가정하면 쉽게 할 수 있습니다.

당신의 기도가 응답받았다면 어떻게 느낄까요? 기도가 이루어졌을 때 당신이 현실에서 마주할 일을 상상 속에서 경험할 때까지 이

• 1868년에 작곡된 개신교의 찬송가 「죄짐 맡은 우리 구주 What a Friend We Have in Jesus」입니다.

느낌을 가정하십시오. 기도는 정신적으로 행동에 몰입한다는 의미이며 소원이 이루어졌다는 생각이 마음을 가득 채워 의식에서 다른 모든 생각을 몰아낼 때까지 그 생각에 주의를 집중하며 유지한다는 뜻입니다. 이 말은 기도가 정신적 노력, 즉 의지를 가진 행위라는 의미가 아닙니다. 오히려 기도는 의지를 가진 행위와는 대조되어야 합니다.

기도는 자신을 내려놓는 것입니다. 기도는 소원이 이루어진 느낌에 자신을 내맡기는 것입니다. 기도가 어떤 응답도 가져오지 않는다면 그 기도에는 뭔가 잘못된 점이 있는 것입니다. 그리고 잘못은 대부분 우리가 너무 많이 애쓴다는 사실에 있습니다. 기도의 상태와 의지를 가진 행위를 대조하지 않고 오히려 동일시한다는 점에서 심각한 혼란이 발생합니다. 기도의 절대적인 규칙은 노력하지 않는 것입니다. 이 규칙을 준수하면 당신은 직관적으로 올바른 자세에 들어가게 될 것입니다.

창조성은 의지의 행위가 아닌 더 깊은 받아들임이자 더욱 열렬한 수용입니다. 결과를 받아들이는 것, 즉 기도가 응답받은 상태를 수용하는 태도가 기도를 실현할 방법을 찾아냅니다. 기도가 응답받은 상태로 들어가 그 감각을 느끼십시오. 그 상태가 당신의 마음을 가득 채우고 의식에서 다른 모든 상태를 몰아낼 때까지 지속하십시오. 우리가 해야만 하는 일은 의지를 키우는 것이 아니라 상상력을 훈련하고 꾸준한 집중력을 연습하는 것입니다. 기도는 갈등을 피함으로써 성공합니다.

기도는 무엇보다도 쉽습니다. 기도의 가장 큰 적은 노력입니다. 위대한 힘은 오직 가장 온화한 것에만 자신을 온전히 내어줍니다. 하늘의 부는 강한 의지로 빼앗을 수 없습니다. 다만 하느님께서 허락하신 순간에 대가를 바라지 않는 선물이 되어 자신을 내어줍니다. 물리적인 힘뿐만 아니라 영적인 힘도 가장 저항이 적은 경로를 따라 흐릅니다.

우리는 열망하는 것을 이미 가지고 있다는 가정에 따라 행동해야 합니다. 우리가 원하는 모든 것이 이미 우리 안에 존재하기 때문입니다. 그것은 오직 사실로 선언되기만을 기다리고 있습니다. 소원이 이루어졌다고 주장하는 것은 소원을 이루는 필수 조건입니다. 기도의 응답은 우리가 소원이 이루어진 느낌을 가정하고 그 가정을 지속해야 찾아옵니다.

기도가 응답받은 가장 사랑스러운 사례 중 하나는 제 거실에서 시작되었습니다. 앞에서도 소개했듯이 도시 근교에서 매우 매력적인 한 여성이 기도와 관련해 저를 찾아왔습니다. 그녀는 아홉 살 난 손자를 맡길 데가 마땅치 않아서 손자와 함께 상담에 왔습니다. 소년은 장난감 트럭을 갖고 노는 데 열중한 듯이 보였지만, 상담이 끝나자 이렇게 말했습니다.

"네빌 선생님, 저는 이제 어떻게 기도하는지 알겠어요. 제가 원하는 것도요! 저는 콜리 강아지를 키우고 싶어요. 매일 밤 침대에서 강아지를 꼭 껴안고 있는 상상을 할 거예요."

그러자 할머니가 그 기도가 왜 불가능한지 말했습니다. 강아지는 비싸고 집은 좁으며 심지어 손자가 강아지를 제대로 돌볼 수도 없다고 덧붙였습니다. 소년은 할머니의 눈을 보며 천진난만하게 답했습니다.

"하지만 할머니, 저는 이제 기도하는 방법을 알잖아요."

그리고 소년은 정말 알고 있었습니다. 두 달 후, 소년이 사는 도시에서 동물 사랑 주간 행사가 시작됐습니다. 그 도시에 사는 모든 초등학생은 그들이 어떻게 동물을 사랑하고 돌볼지에 대해 에세이를 써서 제출해야 했습니다. 여러분은 이 이야기의 결말을 예상하셨을 것입니다. 5천 개의 작품 중 소년이 쓴 에세이가 선정됐고 그는 시장에게서 우승 축하 선물을 받았습니다. 바로 콜리 강아지였습니다! 소년은 소망이 이루어진 느낌을 진심으로 가정하며 매일 밤 강아지를 껴안고 사랑해줬던 것입니다.

기도는 상상력을 지닌 사랑의 행위입니다. 저는 여러분이 어떻게 그 소년처럼 행동할 수 있는지, 어떻게 그 열망이 불가능하다는 소리를 듣더라도 당신의 열망이 보여주는 아름다운 모습에 자신을 맡기고 기도를 지속해나갈 수 있는지 말씀드리곤 합니다.

기도에서 끈기의 필요성은 성경에 나와 있습니다. 예수님께서는 이렇게 말씀하셨습니다. "여러분 중 한 사람이 한밤중에 친구를 찾아가 이렇게 말한다고 생각해보십시오. '친구여, 빵 세 덩이만 빌려

주게. 내 친구가 여행 중에 나를 찾아왔는데 그에게 대접할 것이 전혀 없네.' 그러자 그 친구는 안에서 이렇게 말합니다. '귀찮게 하지 말게. 문은 이미 닫혔고 아이들은 나와 함께 잠자리에 들었네. 그러니 내가 자리에서 일어나 자네에게 빵을 줄 수 없네.' 이렇듯 친구라는 이유로 그가 일어나서 여러분에게 빵을 주지는 않을 것입니다. 그러나 여러분이 끈질기게 요청하면 그는 일어나 여러분이 필요한 만큼 빵을 내어줄 것입니다. 그러니 여러분에게 말합니다. 구하십시오. 그러면 받을 것입니다. 찾으십시오. 그러면 발견할 것입니다. 두드리십시오. 그러면 열릴 것입니다."(누가복음 11:5-9)

여기서 '끈질기게'라고 번역된 단어는 문자 그대로 염치없이 뻔뻔스러운 태도를 뜻합니다. 우리는 기도가 응답받은 상황 속에 있는 자신을 성공적으로 상상하게 될 때까지, 상상을 지속해나가야만 합니다. 성공의 비결은 '인내'라는 단어에 있습니다. 어떤 행동을 한다고 스스로 상상하는 영혼은 그 행동의 결과를 얻게 됩니다. 그렇게 상상하지 않으면 결과는 언제나 요원합니다.

자신이 원하는 존재가 되었을 때 현실에서 마주할 경험을 상상 속에서 미리 겪으십시오. 그러면 그 행동의 결과를 받게 될 것입니다. 현실에서 경험하길 원하는 일을 상상 속에서 겪지 않으면 결과는 영영 멀어질 것입니다. "기도할 때 이미 받았다고 믿으십시오. 그러면 받을 것입니다."(마가복음 11:24) 우리는 더 높은 의식 수준에 있는 친구를 만날 때까지 끈기 있게 기도해야 합니다. 소원이 이루어진 느낌이 현실의 모든 생생한 감각을 띌 때까지 기도를 지속하십시오. 기도는 통제된 깨어 있는 꿈입니다. 성공적으로 기도하려면, 기도가 응답받은 세상을 보듯이 집중력을 꾸준히 유지해 세상을 바라봐야 합니다.

집중력을 한결같이 지속하는 행동에는 매우 특별한 능력이 필요하지 않지만 상상력을 통제하는 능력은 필수입니다. 우리는 감각을 확장해 세상과 맺은 변화된 관계를 관찰하고 이 관찰을 신뢰해야만 합니다. 새로운 세상은 우리가 이해할 대상이 아니라 느끼고 만져야 하는 대상입니다. 새로운 세상을 관찰하는 최고의 방법은 그것을 강렬히 인식하는 것입니다. 다시 말해 마치 들었던 것처럼 귀 기울이고 봤던 것처럼 마주함으로써 그렇게 하지 않았다면 들을 수 없고 볼 수 없는 것을 우리 내면에서 실제로 보고 들을 수 있습니다. 열망하는 상태에 주의를 집중하면 외부 세계는 허물어지고 세계는 마치 음악처럼 새로운 설정에 따라 모든 불협화음을 조화로운 화음으로 바꿉니다.

삶은 투쟁이 아니라 내맡김입니다. 기도는 우리가 있는 힘껏 노력해서가 아니라 간청하기 때문에 이루어집니다. 육신의 눈이 세상을 바라보는 한, 영혼의 눈은 멀게 됩니다. 우리를 움직이는 세상은 우리를 둘러싼 세상이 아니라 우리가 상상하는 세상이기 때문입니다. 우리의 전체 자아를 고귀한 존재가 되었다는 느낌에 온전히 내맡겨야 합니다. 무엇이든 억눌려져 있거나 남아 있다면 그 기도는 헛되게 됩니다.

우리는 종종 높은 목표를 달성하겠다는 다짐과 노력 때문에 그 목표에서 멀어집니다. 우리는 이미 원하는 사람이 되었다는 가정에 따라 행동해야 합니다. 우리가 애쓰지 않고 목표를 이루었을 때 실제로 마주하게 될 일을 상상 속에서 경험한다면 우리는 실제로 목표를 손에 넣었다는 사실을 알게 될 것입니다. 치유의 손길은 우리의 태도에 있습니다. 우리는 다른 무엇도 아닌 목표를 향한 태도만 바꾸면 됩니다. 갖지 못한 미덕이 있다면 가졌다고 가정하십시오. 소원을 이루고 싶다면 이루어졌다고 가정하십시오.

"내 영혼을 위해 기도하십시오. 기도는 이 세상이 꿈꾸는 것보다 더 많은 일을 이룹니다."

—앨프리드 테니슨Alfred Tennyson

5장

실패와 두려움에서
벗어나는 방법

많은 사람이 명상이 안 된다고 제게 말합니다. 이 말은 마치 피아
노 연주를 한 번 시도한 후에 칠 수 없다고 말하는 것과 같습니다.
명상은 모든 예술이나 표현처럼 완벽한 결과를 내기 위해 끊임없이
연습해야 하는 행위입니다. 예를 들어 위대한 피아니스트는 하루라
도 연습을 하지 않으면 최고의 연주를 할 수 없다고 느낄 것입니다.
만약 일주일이나 한 달 동안 연습을 하지 못한다면 아무리 피아노
에 무지한 관객일지라도 자신의 결점을 알아챈다는 사실을 알 것입
니다.

명상도 피아노 연주와 마찬가지입니다. 우리가 매일 기쁘게 명상
을 연습하면 명상을 하나의 예술처럼 완성할 수 있습니다. 명상이

어렵다고 불평하는 사람은 명상을 매일 연습하지 않고 오히려 어떤 시급한 일이 눈앞에 닥칠 때까지 기다렸다가 의지력을 발휘해 열망하는 상태에 주의를 집중하려 노력합니다. 하지만 그들은 명상이 의지력을 훈련하는 방법이라는 사실을 모릅니다. 의지력과 상상력이 충돌하면 언제나 승리하는 쪽은 상상력입니다.

명상의 사전적 정의는 주의력을 집중하는 것, 마음속으로 계획하는 것, 구상하고 미래를 생각하는 것, 지속적이고 사색적인 사고에 몰두하는 것입니다. 그동안 많은 사람이 명상에 대해 터무니없는 글을 써왔으며 대부분의 명상 책은 독자를 그 어디로도 데려가지 못했습니다. 명상의 과정을 설명하지 않았기 때문입니다. 명상은 결국 상상력을 통제하고 집중력을 잘 유지하는 행동입니다. 특정한 생각에 단순히 주의를 집중하고 그 생각이 마음을 가득 채워 의식에서 다른 모든 생각을 밀어낼 때까지 계속 집중하십시오. 집중력의 힘은 내면의 힘을 확실히 보여줍니다. 우리는 마음을 산만하게 하는 어떤 요소도 허용하지 말고, 실현될 생각에 주의를 집중해야만 합니다. 이것이 실현의 위대한 비결입니다.

집중력이 흐트러지면 현실이 되길 바라는 생각에 다시 집중하는 일을 계속 반복해야 합니다. 그렇게 주의력이 흐트러지지 않고, 주어진 생각에 애를 쓰지 않고도 집중할 수 있을 때까지 꾸준히 집중하십시오. 현실이 되길 원하는 생각에는 반드시 집중력이 필요합니다. 그 생각은 소위 매혹하듯이 집중력을 잡아끌어야 합니다. 모든 명상의 결과는 명상하는 사람에게로 돌아가고 자신은 결국 자신이 그동안 품어온 생각의 산물이라는 사실을 알게 됩니다. 훈련되지 않은 사람의 집중력은 그가 품은 비전의 주인이 아니라 종입니다. 그런 집중력은 중요한 것보다 시급한 것에 사로잡히기 마련입니다.

숭배의 행위에서 그렇듯 명상에서 침묵은 가장 높은 찬사입니다. 우리의 고요한 안식처를 유지합시다. 침묵의 안식처 속에서 영원히 변치 않는 통찰이 보존됩니다. 매일, 매주, 매년 저는 덜 중요한 목적이나 사랑이 방해하지 않는 곳에서 저의 상상력과 집중력을 완전히 통제하는 것을 목표로 삼았습니다. 저는 제 안에서 떠오르고 사그라지는 마법 같은 빛을 완전히 제 것으로 만들 방법을 찾았습니다. 저는 그 빛을 뜻대로 불러내고 싶었고 제 비전의 주인이 되길 소망했습니다.

저는 단 한 순간도 집중력이 흐트러지지 않게 하려고 하루의 활동에 대해 꾸준히 집중력을 유지하는 노력을 했습니다. 이것은 꾸준한 연습이며, 영혼의 더욱 높은 모험을 위한 훈련입니다. 이것은 결코 쉬운 일이 아닙니다. 농부가 밭에서 쟁기질하는 일보다 훨씬 더 어렵습니다.

우리 안에 살아 있는 모든 것은 우리가 명상에 잠긴 상태를 방해하려고 몸의 신경 경로를 재빨리 따라옵니다. 마치 거대한 제국이 반란군을 진압하기 위해 서둘러 군단을 보내는 듯합니다. 사랑하는 사람의 얼굴이 눈앞에서 빛나고 우리는 황홀함에 젖어 명상에서 벗어납니다. 케케묵은 원한과 두려움이 나타나 우리를 에워싸고 괴롭힙니다. 이러한 마음속 광경에 넘어가면 우리는 한 시간 동안 과거의 일을 곱씹다가 자신이 명상 중에 길을 잃고 방황하고 있었다는 사실을 문득 깨닫습니다. 우리는 하려던 작업을 포기하고 목표로 삼았던 주의력을 집중하는 일을 잊었습니다. 상상력과 집중력을 완벽히 통제할 수 있는 사람이 과연 어디에 있을까요?

자신이 실현하려는 생각에 굳세고 반복적으로 주의를 기울이는 꾸준한 집중력과 통제된 상상력은 모든 마법적 활동의 시작입니다. 만약 어떤 사람이 몇 주, 몇 달에 걸쳐서 명상을 지속한다면 그는 언젠가 자신 안에서 힘의 근원을 창조하게 될 것입니다. 그는 누구에게나 열려 있지만 막상 들어서는 사람은 별로 없는 길을 거닐게 될 것입니다. 그 길은 바로 내면에 있습니다. 처음에는 그림자와 어둠 속에서 머뭇대지만 길은 점점 내면의 빛에 의해 밝아집니다. 여기에는 특별한 재능이나 천재성이 필요하지 않습니다. 내면의 길은 누구에게도 그냥 주어지지 않으며, 명상을 끈질기게 실천하고 지속하며 얻을 뿐입니다.

그가 명상을 지속하면 뇌 속에 어두운 동굴은 빛을 발하고, 그는 마치 사랑하는 사람과 한 약속을 지키듯이 매일의 명상 시간을 기쁘게 맞이할 것입니다. 그 순간, 그는 물속에 오랫동안 있던 잠수부가 수면으로 올라와 공기를 마시고 빛을 보듯이 내면을 향해 움직입니다. 이러한 명상의 상태에서 그는 목표가 이루어지면 현실에서 마주하게 될 일을 상상 속에서 경험하고, 어느새 그가 상상하던 모습으로 변모할 것입니다.

　종교를 시험할 수 있는 유일한 기준은 종교가 진정한 본질에서 비롯되었는지 살펴보는 것입니다. 즉, 개인의 가장 깊은 의식에서 나왔는지, 경험의 열매인지, 아니면 그 이외의 것인지 확인하는 것입니다. 저는 진정한 종교란 무엇인지 말하기 위해서 '진정한 종교적 태도'를 주제로 강연을 하곤 합니다. 당신의 종교적 태도는 무엇인가요? 저의 종교적 태도는 무엇일까요? 저는 베일즈 박사의 초청을 받아 이 주제에 대해 이야기했습니다. 저는 정신적 지식과 영적 지식의 방법이 완전히 다르다는 점을 강조합니다. 우리는 어떤 것을 외부에서 바라보고 다른 것과 비교하고 분석하고 정의하면서 그것을 정신적으로 압니다. 반면 어떤 것을 영적으로 알기 위해서는 오직 그것이 되는 수밖에 없습니다. 단순히 그것에 대해 말하거나 바라보는 것이 아니라 반드시 그것 자체가 되어야만 합니다. 사랑이 무엇인지 알기 위해서 우리는 사랑 안에 있어야 합니다. 하느님이 무엇인지 알기 위해서 반드시 하느님과 같은 존재가 되어야만 합니다.

　명상은 잠과 마찬가지로 잠재의식으로 들어가는 입구입니다. "기도할 때 방 안으로 들어가 문을 닫은 뒤 보이지 않는 곳에 계시는 아버지께 기도를 올리십시오. 그러면 보이지 않는 곳에 계시는 아버지께서 당신에게 드러나게 보답하실 것입니다."(마태복음 6:6) 명상은 외부 세계의 영향력을 약화하고 마음을 내면에서 비롯된 암시에 더욱 잘 반응하게 만드는 잠의 환영과 같습니다.

명상 중에 마음은 긴장을 내려놓습니다. 이 상태는 잠에 빠지기 직전에 느껴지는 감각과 유사합니다. 존 키츠는 『나이팅게일에게 바치는 송가』에서 이 상태를 아름답게 묘사했습니다. 전해지는 바에 따르면 시인이 정원에 앉아서 나이팅게일의 노래를 들을 때 그는 "마치 독초를 먹은 듯 나른한 무감각이 나의 감각을 고통스레 흐리네"라고 묘사한 상태에 빠져들었습니다. 그 후 시인은 나이팅게일에게 바치는 시를 노래한 뒤 스스로 이렇게 물었습니다. "그것은 예지였나, 아니면 깨어 있는 꿈이었나? 그 음악은 불현듯 사라졌네 … 나는 깨어 있는가, 잠에 빠져 있는가?" 이러한 말은 뭔가를 너무 생생하고 현실적으로 본 사람이 자신의 눈으로 본 것을 정말 믿을 수 있는지 혼란스러울 때 할 수 있는 표현입니다.

과도한 노력을 들여 생각하지 않고 자신 안으로 조용히 침잠하는 모든 종류의 명상은 잠재의식을 마주합니다. 잠재의식을 밀물과 썰물처럼 흐르는 조수라고 생각해보십시오. 잠을 잘 때는 밀물이 올라와 만조가 되고 완전히 깨어 있을 때는 썰물이 져서 간조가 됩니다. 이 두 극단 사이에 수많은 중간 단계가 존재합니다. 나른하고 꿈을 꾸는 듯하고 부드러운 몽상 속에 푹 빠져 있을 때 잠재의식은 만조에 가깝습니다. 반면 정신이 깨어 있고 경계심이 높아질수록 잠재의식은 간조에 점점 가까워집니다.

우리의 생각을 의식적으로 조정하는 상태에서 만조에 근접한 경우는 잠에 빠지기 직전과 깨어난 직후입니다. 편안한 의자에 앉거나 침대에 누워 긴장을 내려놓으면 수동적 상태를 쉽게 만들어낼 수 있습니다. 눈을 감고 자신이 너무 졸려서 곧 잠에 빠질 것 같다고 상상하십시오. 마치 낮잠을 자려고 하는 것과 똑같이 행동하십시오. 이렇게 잠재의식의 조수가 만조에 충분히 가까워지도록 함으로써 당신의 특정한 가정이 효과적으로 실현될 수 있는 상태가 됩니다.

명상을 처음 시도할 때, 온갖 반대되는 생각이 당신을 산만하게 하려는 모습을 발견할지 모릅니다. 하지만 계속 밀고 나가면 수동적 상태를 달성할 것입니다. 수동적 상태에 도달하면 오직 "좋은 말을 듣는 것"만 생각하십시오. 즉, 당신은 지금 가장 높은 이상을 표현하고 있다고 상상하십시오. 그 이상을 어떻게 나타낼지 고민하지 말고 '지금 여기에서' 당신이 열망하던 고귀한 사람으로 존재한다고 그저 느끼십시오. 당신은 지금 그 존재입니다. 당신이 지금 그 존재가 되었다고 상상하고 느낌으로써 당신의 높은 이상이 세상에 실현되도록 이상을 부르십시오.

저는 모든 행복이 소원이 이루어진 느낌을 가정하는 에너지, 다시 말해 완벽한 다른 삶의 가면을 쓰고 그런 척하는 에너지에 달려 있다고 생각합니다. 지금의 모습과는 다른 자신을 상상할 수 없고 바람직한 자아상을 가정하려 하지도 않는다면 우리는 다른 사람이 내세우는 규율을 받아들일 수는 있어도 자신에게 규율을 강요할 수는 없습니다.

　명상은 영혼의 활동이고 능동성을 띤 미덕입니다. 능동성을 띤 미덕이란 규범을 수동적으로 받아들이는 자세와 구분되며 매우 연극적입니다. 능동성을 띤 미덕은 극적이고 마치 가면을 쓰고 있는 것 같습니다. 당신의 목표가 마음속 깊이 받아들여지면 당신은 실패 가능성에 대해 완전히 무심해집니다. 목표를 받아들인 것 자체가 목표를 이루는 수단을 자연스레 결정하기 때문입니다. 당신이 명상을 마친 후 수면 위로 부상할 때, 마치 주연 배우로 활약한 연극의 행복한 결말을 본 듯한 기분에 휩싸입니다. 명상 속에서 결말을 목격했기 때문에 당신은 어떤 반대되는 상황을 마주하더라도 결말이 완벽히 정해져 있다는 인식 속에서 침착하고 확신하는 태도를 유지합니다.

　창조는 완료되었으며 우리가 창조성이라고 부르는 것은 사실 우리의 더 깊은 받아들임이자 더욱 열렬한 수용일 뿐입니다. 그리고 이러한 받아들임의 자세는 "힘으로도 권력으로도 되지 않고, 오직 나의 정신으로 된다라고 만군의 주님께서 말씀하셨습니다."(스가랴서 4:6) 명상을 통해 우리는 내면에서 빛의 근원을 깨웁니다. 빛의 근원은 "낮에는 구름기둥이 되고 밤에는 불기둥이 되어" 우리를 밤낮으로 인도합니다.*

・ 출애굽기 13:21에 따르면 이스라엘 백성이 이집트를 탈출해 광야를 걸을 때 하느님께서 낮에는 구름기둥을 만들어 뜨거운 햇볕을 가려주셨고, 밤에는 불기둥을 만들어 빛을 제공하셨습니다.

6 장

자신의 인생을 사랑하는 사람이 되어라

오늘 제 이야기를 듣고 있는 여러분 한 명 한 명에게 질문을 던지고 싶습니다. 바로 우리 모두의 마음에 깊이 와닿는 진리에 대한 질문입니다. 만약 살인자로 알려진 사람이 집에 침입해서 당신 어머니의 행방을 묻는다면 어머니가 어디에 있는지 말해주시겠습니까? 진실을 말씀하시겠습니까? 그렇게 하실 건가요? 감히 말씀드리자면 그러지 않으실 겁니다. 그러지 않기를 바랍니다.

가장 신비로운 복음서인 요한복음에는 다음과 같은 구절이 있습니다. "여러분은 진리를 알게 될 것이고, 진리가 여러분을 자유롭게 할 것입니다."(요한복음 8:32) 이 구절은 우리 모두에게 과제를 던집니다. "진리가 여러분을 자유롭게 할 것입니다." 만약 당신이 어머니에 대한 진실을 말한다면 그것은 어머니를 자유롭게 합니까?

또한 요한복음에는 이렇게 쓰여 있습니다. "그들을 진리로써 거룩하게 해주십시오."(요한복음 17:17) 만약 어머니를 살인자에게 넘긴다면 당신이 어머니를 거룩하게 하는 것일까요? 그렇다면 성경이 끊임없이 이야기하는 진리는 무엇일까요?

성경의 진리는 항상 사랑과 결부되어 있습니다. 성경의 진리는 하느님 안에서 우리의 의식적인 삶을 영적으로 깨닫는 것이고 이러한 영적인 깨달음은 인간 영혼이 영원히 진화하며 나아가야 할 방향입니다.

진리는 끊임없이 커지는 빛입니다. 진리를 진지하게 찾는 사람은 진리를 찾은 끝에 마주할 결과를 두려워할 필요가 없습니다. 지금까지 드러났던 모든 진리가 그것이 숨겨왔던 더 큰 진리를 밝게 비추기 때문입니다. 진리를 진정으로 추구하는 사람은 자만하거나 비판적이거나 고고한 척하지 않습니다. 오히려 그들은 스가랴서에 쓰인 말이 진실이라는 사실을 압니다.

"너희 모두 이웃에게 진실을 말하고, 너희 중 누구도 이웃을 해치는 악한 생각을 품지 말라."(스가랴서 8:16-17)

진리를 추구하는 사람은 겉모습으로 판단하지 않습니다. 그는 자신이 마주하는 모든 것에서 선과 진리를 봅니다. 그는 진정한 판단이 그것과 관계된 외부 현실에 부합할 필요가 없다는 사실을 압니다. 어떤 것들을 그저 보이는 대로 볼 때 우리는 진리에서 가장 눈멀게 됩니다. 이상적으로 그린 그림만이 진정으로 진리를 표현합니다. 위대한 사람에게서 자신에게 익숙한 초라함을 읽어내는 태도는 뛰어난 통찰력의 발로가 아니라 오히려 반쯤 눈이 먼 상태의 결과입니다.

우리는 속 좁은 험담꾼을 적어도 한 명 정도 알고 있습니다. 그는 이웃을 해치는 악한 생각을 품을 뿐만 아니라 그 악한 생각을 널리 퍼뜨리려고 합니다. 그의 잔인한 비난과 트집 잡기에는 언제나 "사실이잖아" 또는 "사실이라고 확신해"라는 말이 따라옵니다. 그는 진리에서 얼마나 멀리 떨어져 있습니까? 그가 아는 대로 그것이 사실이라 할지라도 그것을 입 밖에 내지 않는 것이 좋습니다.

윌리엄 블레이크는 "나쁜 의도로 말한 진실은 당신이 지어낼 수 있는 모든 거짓말보다 더 해롭습니다"라고 말했습니다. 이렇게 행동하는 사람은 성경에서 보여주는 진리를 진정으로 추구하는 사람이 아닙니다. 그는 진리를 찾기보다는 자신의 관점을 지지받으려 할 뿐입니다. 그는 편견 때문에 자신의 적에게 문을 열어주고 적이 마음의 비밀 장소를 마음껏 차지하도록 만듭니다.

우리 모두 로버트 브라우닝Robert Browning●이 표현한 대로 진지하게

● 영국의 빅토리아 왕조 시대를 대표하는 시인으로 인간의 내면세계를 주로 다루었습니다.

진리를 추구합시다. "진리는 우리 안에 있습니다. 당신이 무엇을 믿든, 진리는 외부에서 비롯되지 않습니다. 우리 모두의 안에는 진리가 온전히 깃드는 불멸의 중심이 있습니다."

우리 안의 진리는 상상력을 지닌 사랑에 의해 지배됩니다. 이 위대한 진리를 알게 된 우리는 이웃을 해치는 악한 생각을 더는 품을 수 없습니다. 우리는 이웃의 가장 최고의 모습을 상상할 것입니다.

저는 삶을 향한 태도가 상상력을 지닌 사랑에 의해 지배되는 곳이라면 그곳이 어디든 종교적이며 그곳에서 우리는 숭배하고 진리를 인식한다고 믿습니다. 저는 이 점에 대해 '상상력을 지닌 사랑'이라는 주제로 강연을 진행한 적 있습니다.

모든 인간에게는 더 훌륭하고 고귀한 존재가 되고 사랑이 깃든 일을 하려는 직관적인 열망이 있습니다. 하지만 우리의 상상이 이웃을 위한 사랑으로 가득할 때만 우리는 사랑이 깃든 일을 할 수 있습니다. 그때 우리는 진리를 알게 되고 그 진리가 우리 모두를 자유롭게 합니다. 저는 이 메시지가 더 훌륭하고 나은 삶을 사는 방식을 배우도록 모두를 도울 것이라고 믿습니다.

무한한 사랑은 생각조차 할 수 없는 기원의 시작 때부터 '하느님 아버지'라고 불렸습니다. 창조적 방식으로 나타날 때는 '하느님 아들'이라고 불렸습니다. 만물이 서로 얽히는 상호작용 아래 무한한 사랑은 무한한 내재성Infinite Immanence*과 영원발출Eternal Procession** 이라는 신학적 관점에 따라 '하느님 성령'이라고 불렸습니다. 우리는 자신을 무한한 사랑, 악이 아닌 선한 존재로서 알아가야만 합니다. 무한한 사랑은 우리가 되어야만 하는 것이 아닙니다. 오히려 우리가 이미 무한한 사랑이라는 점을 깨달아야 합니다.

상상력이 본래 탄생하는 장소는 사랑입니다. 사랑은 상상력의 생명줄입니다. 상상력이 사랑이라는 생명줄을 유지하는 한 상상력은 진리를 반영한 이미지를 비전으로 삼습니다. 그렇게 상상력은 자신이 바라보는 존재의 살아 있는 정체성을 거울처럼 반영합니다. 하지만 상상력이 자신을 탄생시키는 바로 그 힘, 즉 사랑을 부정하면 가장 끔찍한 공포가 시작될 것입니다. 상상력은 살아 있는 진리의 이미지를 재현하는 대신, 사랑의 반대편인 두려움으로 날아가고 상상력이 품은 비전은 왜곡되고 뒤틀린 채 끔찍한 환상이라는 화면을 비출 것입니다. 상상력은 최고의 창조적인 힘이 아니라 파괴의 주요 동력이 될 것입니다.

삶에 대한 태도가 진정으로 상상력에 의해 지배되는 곳이라면 그곳이 어디든 하느님과 인간은 창조적인 합일을 이룹니다. 사랑은 언제나 창조적이며 가장 높은 곳에서부터 가장 낮은 곳에 이르기까지 모든 영역의 원인이 된다는 점을 기억하십시오. 사랑 또는 그 반대편에 있는 두려움 없이 촉발된 생각, 말, 행동은 여태껏 전혀 없었습

• 하느님이 시간과 공간을 비롯해 모든 것에 내재해 있다는 관점입니다.
•• 삼위일체 신학의 개념으로 성령이 성부와 성자 사이에서 영원히 비롯된다고 보는 관점입니다.

니다. 심지어 추구할 가치가 거의 없는 단순한 욕망도 그렇습니다. 사랑과 두려움은 우리의 정신 조직의 주요 동력입니다.

모든 것은 어떤 것이 되기 전에 생각으로 존재합니다. 저는 높은 이상을 추구해 존재하는 사실을 우리의 의식에서도 사실로 만들라고 당신에게 제안합니다. 그리고 그렇게 하려면 상상력을 훈련해 우리가 진정으로 살고 움직이고 존재하는 유일한 환경은 무한한 사랑이라는 점을 깨달아야 합니다. 하느님은 사랑입니다. 사랑은 절대 실패하지 않습니다. 무한한 창조적 정신은 사랑입니다. 무한하고 조건 지워지지 않은 의식이 스스로 조건을 지우고 자신을 수백만 개의 민감한 형태로 존재하도록 만들어버린 강렬한 동기는 바로 사랑입니다.

사랑하는 대상 없이 추상적으로 여겨지는 사랑은 생각조차 할 수 없습니다. 사랑하는 대상이 없으면 그것은 사랑이 아닙니다. 사랑은 오직 관계 속에서, 과정 안에서, 행동 가운데서만 생각됩니다. 윌리엄 블레이크는 "사랑으로 살지 않으려는 사람은 두려움에 의해 정복됩니다"라고 말했습니다. 이 사실을 인정하고, 우리가 사랑하고 그 뜻에 맞춰 살아갈 수 있는 가장 높은 이상을 세웁시다.

우리의 가장 높은 이상은 현실에 발을 붙여 육체를 입지 않으면 우리에게 축복을 주지 않습니다. 우리는 현실에 나타나는 결과와 성취를 우리의 상상력과 사랑의 작용을 보여주는 중요한 기준으로 삼아야 합니다. 눈에 보이는 현현顯現만이 진정한 실현이기 때문입니다. 우리의 충실함은 우리가 알고 있는 진리 전체를 아우르는 것을 향해야 하며, 그 충실함은 반드시 절대적이어야 합니다. 그렇지 않으면 진리는 전달될 수단을 잃고 우리 안에서 구현될 수 없습니다.

자신에 대한 관념이 살아가는 삶의 풍경을 결정합니다. 우리는 언제나 자신의 교도관이 됩니다. 하지만 닫혔다고 생각했던 감옥 문은 사실 살짝 열려 있으며 우리가 진리를 보기를 기다리고 있습니다. 사람은 진정한 자기 모습에 걸맞은 주변 환경을 스스로 만듭니다. 랠프 월도 에머슨은 이렇게 말했습니다.

"모든 영혼은 스스로 집을 짓습니다. 그 집 너머에는 세상이 있고, 세상 너머에는 천국이 있습니다. 그러므로 세상이 당신을 위해 존재한다는 사실을 깨달으십시오. 당신이 경험하는 현상은 당신에게 완벽히 알맞습니다. 우리가 무엇인지에 따라 우리는 그만큼만 볼 수 있습니다. 아담이 가졌던 모든 것과 카이사르가 할 수 있었던 모든 것을 당신도 가지고 있으며 할 수 있습니다.

자신의 집을 아담은 '하늘과 땅'이라고 불렀고, 카이사르는 '로마'라고 불렀습니다. 당신은 아마도 구두 수선공이라는 직업, 12만 평에 달하는 땅, 또는 학자의 작은 다락방을 당신의 집이라 부를지 모릅니다. 하지만 하나씩 차근차근 따져보면 비록 엄청난 명성은 없더라도 당신의 지배력 또한 아담과 카이사르만큼 큽니다. 그러므로 당신만의 세상을 만드십시오."

당신의 삶을 마음속 순수한 생각에 빠르게 맞춰나갈수록 그 생각은 자신의 커다란 모습을 세상에 드러낼 것입니다.

진리는 우리 내면에 존재하는 비밀스러운 실체이며 우리의 삶과 모든 것이 존재하는 이유이자 의미이고 우리와 모든 것이 이어져 있는 연결성입니다. 진리가 우리를 하늘로 인도하게 하십시오. 우리의 관념을 확장하고 이해를 넓혀, 마침내 "진리를 알고 자유로워"지십시오.

7장

삶을 대하는 태도를
늘 점검하라

저는 지난 몇 년 동안 베일즈 박사의 초청으로 청중에게 강연하는 기쁨과 영광을 누리고 있습니다. 오늘은 더욱 영광스럽게도 라디오를 통해 박사의 보이지 않는 청중에게 제 말을 전하게 되었습니다. 이번 강연은 가장 영적인 책인 성경에서 강연 주제 대부분을 가져올 예정입니다.

저는 가장 심오하게 영적인 것이야말로 가장 전적으로 실용적이라고 굳게 확신합니다. 성경을 해석할 때 일어나는 모든 실수는 영적이고 신비로운 의도가 담긴 구절을 언급하고 원리나 상태를 특정한 시간, 사람, 장소에 적용할 때 벌어집니다.

어떤 의미에서 성경은 단 한 구절도 문자 그대로 참되지 않습니다. 하지만 저는 성경의 모든 말씀이 참되다고 말합니다. 다만 하느님께서 성경을 전하는 사람들에게 의도하신 대로 해석될 때만 그렇습니다. 성경은 사람이 원하는 대로가 아니라 하느님께서 의도하신 대로 참됩니다. 영적이고 상징적인 해석만이 진리를 가져오며 문자 그대로의 해석은 아무런 이득이 되지 않습니다. 성경은 역사적 요소를 포함하고 있지만 그것들은 위대한 사상을 드러내는 비유적 언어로 사용됩니다.

복음의 이야기는 우리가 알 수 있도록 연구되어야 합니다. 그것은 단번에 우리에게 진리를 전하지 않습니다. 알아간다는 것은 점진적 과정이며 꾸준히 진행되는 내적 경험입니다. 하느님은 우리가 받아들일 수 있을 때 우리 안에서 자신을 드러내십니다. 언제나 극소수의 사람만이 깊은 의미를 부분적으로 깨우쳐왔습니다. 이 점은 모든 옛 시대 예언자들의 저술을 참고하면 알 수 있을 것입니다.

성경이 신비적인 특성을 띠고 있는 만큼 성경에 적절한 의미를 부여할 때 물질적인 것이나 사람이 아닌 주로 영적 의미를 다룬다는 점을 기억해야 합니다. 성경은 외부 감각이나 이성이 아닌 영혼을 향합니다. 성경의 목적은 물리적 삶에 대해 역사적 설명을 제공하는 것이 아니라 인류의 영적 가능성을 전체적으로 드러내는 것입니다. 종교는 본질적으로 역사적이지 않고 실제 감각적인 사건에 의존하지 않으며 신앙과 구원과 같은 과정으로 구성되기 때문입니다. 신앙과 구원은 모든 사람의 내면에 존재하며 어떤 특정한 사람이 언제 무엇을 했든 상관없이 우리 내면에 남아 있습니다.

성경의 영원한 가치는 성경이 가진 상징적 가치에서 나옵니다. 성경에서 무엇이 역사적이고 무엇이 역사적이지 않은지를 둘러싼 수많은 논란이 있습니다. 하지만 모든 역사적 질문을 내일 당장 해결할 수 있다 하더라도 그것이 우리에게 종교의 본질을 알려주지 않으며 성경에 지속적 가치를 부여하지도 않습니다. 모든 것은 사실에 감춰진 상징적 가치를 찾는 일에 달려 있습니다. 과거의 역사적 사실은 그 이면에 존재하는 궁극적 진리를 명백히 상징하지 않는다면 오늘날의 종교엔 아무런 의미가 없습니다.

성경은 신적인 상징으로 진리를 드러내는 계시의 책입니다. 문자적 관점에서 볼 때, 성경의 표현이 때때로 혼란스러울 수 있습니다. 매우 귀중하며 최선을 다해 밝힐 가치가 있는 대상은 오직 성경에 담긴 상징적 의미입니다. 성경은 우리 내면의 신비로움에서 비롯되어 쓰인 것이지, 신비로운 의미가 덧씌워진 것이 아닙니다. 성경의 이야기는 내재한 의미를 감추고 있으며 성경 해석의 과제는 상징적으로 표현된 심리적 진리를 발견하는 것입니다.

우리는 이 과정에서 성경의 표면적 의미가 합리적이든 터무니없든 그것을 고려하지 않습니다. 어떤 경우에도 표면적 의미가 우리가 찾고 있는 내적 진리를 구성하지 않기 때문입니다. 수 세기 동안 우리는 의인화된 표현을 실제 사람으로, 우화를 역사로, 가르침을 전달하는 수단을 가르침 자체로, 처음 전체적으로 읽힌 의미를 의도된 궁극적 의미로 잘못 받아들여왔습니다. 삶의 사소한 일들에서는 이렇게 혼동해도 별다른 일이 벌어지지 않습니다. 하지만 종교와 같이 더욱 중요한 문제에서 혼동하면 그때 생겨나는 오류는 엄청난 비중을 차지하게 됩니다.

수 세기 동안 사람들은 성경에 묘사된 사건들과 관련 있을지도 모를 증거를 열정적으로 찾아다녔습니다. 사람들 대부분은 성경 속 등장인물이 실제로 살았다고 믿지만 이 땅에서 그들이 살았다는 사실을 입증하는 증거는 지금껏 발견되지 않았으며 앞으로도 절대 발견되지 않을지 모릅니다. 하지만 이 사실은 중요하지 않습니다. 고대의 스승들은 역사를 기록하려던 것이 아니라 특정한 기본 원리를 비유적으로 묘사하는 가르침을 역사라는 의복 안에 전하고 있었습니다.

성경에 담긴 다양한 일화의 외형은 마치 밀알의 형태가 밀알 안에 있는 생명의 핵과 확연히 다르듯이 그 내용에 담긴 본질과 뚜렷이 구분됩니다. 소화기관이 몸으로 흡수해야 하는 음식과 배설해야 하는 음식을 구분하듯이 깨달은 직관적 능력은 비유와 우화 아래 숨겨진 심리적 핵을 발견하고 그것을 양분으로 삼아 본질을 감싸고 있던 허구를 던져버립니다.

성경은 전 세계에서 제일 많이 팔린 책입니다. 하지만 아마도 가장 적게 읽히고 분명히 가장 이해되지 못한 책일 것입니다. 성경 전반에 걸쳐 돌, 물, 포도주라는 상징이 등장합니다. 성경에서 돌은 문자적 진리를 나타냅니다. 전해지는 바에 따르면 십계명은 돌판에 쓰였습니다. 성경에서 물은 돌이라는 문자적 진리에 숨겨진 심리적 의미를 상징합니다. "내가 당신에게 살아 있는 물을 주겠습니다."(요한복음 4:10)라는 구절에서 살아 있는 물은 성경의 이야기를 당신의 삶에서 살아 있는 현실로 만드는 내적 진리를 뜻합니다. 포도주는 당신이 살아 있는 물, 즉 심리적 진리를 현명하게 사용해서 스스로 만들어내야 하는 대상입니다. 포도주를 만드는 일은 진정으로 종교적인 사람에게 절대적으로 필요합니다. 이것이야말로 월터 스콧Walter Scott*이 남긴 "인간의 가장 위대한 교육은 자신에게 하는 교육입니다"라는 말에 담긴 의미입니다.

저는 '당신은 돌입니까, 물입니까, 포도주입니까?'라는 주제로 베일즈 박사를 대신해 강연을 진행했습니다. 당신은 자신에게 "나는 돌, 물, 포도주 중에 무엇일까?"라고 질문할 수 있습니다. 그리고 성경에 대한 당신의 이해가 단순히 문자적인지, 심리적인지, 아니면 진정으로 영적이어서 깊이 실용적인지를 판단할 수 있을 것입니다.

처음부터 끝까지 성경은 인간의 현재 존재 수준을 특징짓는 폭력을 초월하는 것에 관해 이야기하고 있습니다. 성경은 폭력을 넘어서 또 다른 존재 수준으로 발전할 가능성이 우리에게 있다고 단언합니다. 이러한 관점에서 보면 인간의 목표는 내적 발전이며 그것만이

• 영국의 낭만파 시인이자 역사 소설의 창시자입니다.

진정한 심리학의 핵심입니다. '거듭남'은 내적 진화와 더 높은 존재
수준을 암시하는 성경의 중심 개념입니다. 성경에서 거듭남을 떨어
뜨려놓고 해석하는 행위는 성경의 진정한 의미를 전혀 이해하지 못
한 탓입니다. 하느님의 말씀, 즉 성경의 심리적 가르침은 사람을 다
르게 만드는 것입니다. 먼저 생각을 다르게 하고 다음에는 존재를
바꿔서 우리가 새사람이 되고 거듭나도록 하는 것이 목표입니다.

완전히 새로운 태도를 삶에 받아들일 때마다 심리적 재탄생이
어느 정도 일어납니다. 하지만 사람은 더 나아지기를 바라지 자신
을 바꾸기를 원하지 않습니다. 반면 성경은 더 나아지는 것이 아니
라 다른 사람, 즉 거듭난 사람이 되라고 말합니다. "사람이 거듭나지
않으면, 하느님의 왕국을 볼 수 없습니다. … 사람이 물과 성령으로
거듭나지 않으면 하느님의 왕국에 들어갈 수 없습니다. 내가 당신
에게 거듭나야 한다고 말한 것을 놀랍게 여기지 마십시오."(요한복음
3:3-7)

십계명은 더 깊은 의미를 볼 수 없는 사람들을 위해 돌판에 쓰였
습니다. 돌은 영적 진리의 가장 외적이고 문자적인 형태를 나타냅니
다. 그리고 물은 같은 진리를 이해하는 또 다른 방식을 의미합니다.
포도주나 영은 영적 진리를 이해하는 가장 높은 형태입니다.

케임브리지 플라톤학파에 속하는 존 스미스John Smith는 이렇게
말했습니다. "자신이 어떤 사람인지에 따라서 하느님도 그렇게 보일
것입니다. 도덕주의자의 하느님은 만물 앞에 위대한 심판자이자 교

사이고, 과학자의 하느님은 비인격적이고 절대 변하지 않는 필수 법칙이며, 야만인의 하느님은 기회만 주어진다면 그가 될 법한 유형의 우두머리입니다." 어떤 사람도 자신이 가진 하느님에 대한 관념을 뛰어넘어 행동할 수 없습니다. 그리고 하느님에 대한 관념은 그가 어떤 사람인지에 따라 결정됩니다. "자신이 어떤 사람인지에 따라서 하느님도 그렇게 보일 것"이기 때문입니다. 또한 하느님에 대한 관념에 적용되는 사항은 하느님의 말씀, 즉 성경에 대한 관념에도 똑같이 적용됩니다. 그가 자신에게 어떤 존재인지에 따라서 성경도 그에게 같은 존재가 될 것입니다.

"하느님은 창조 때부터 하느님이시며, 오직 진리만이 인간을 구원하네. 하지만 당신이 지금 숭배하는 하느님은 곧 당신의 하느님이 되지 않을지니, 영혼이 끝없이 펼쳐져 영원히 생각을 바꾸고 그 속에서 사랑하고 숭배하는 법을 진정으로 배우기 때문이네."

— 엘리자베스 도튼Elizabeth Doten

8장

자신의 예민함을
두려워하지 말라

최근에 저는 매우 성공한 사업가에게 성공 비결을 물었습니다. 그는 웃으며 약간 쑥스러워하더니 이렇게 대답했습니다. "아마도 제가 실패를 떠올리지 않기 때문인 것 같아요. 실패는 저의 주된 관심사가 전혀 아니에요. 성공의 이유는 저의 이런 감정 덕분이 아닐까 싶습니다." 그의 대답은 제가 가진 믿음과 그동안 해온 여러 실험 결과에 완벽히 부합했습니다.

우리는 어떤 것을 끝없이 생각하고도 우리의 세계에서 그것을 결코 보지 못할 수 있습니다. 하지만 그것이 현실에 존재한다고 느끼도록 자신을 허용하면 반드시 그것을 마주하게 됩니다. 우리가 더 강렬히 느낄수록 더 빨리 그것을 마주하게 될 것입니다. 우리는 모두 감정을 어떤 일의 결과라고 과하게 한정하는 반면, 하루의 사건을 일으키는 원인으로는 충분히 고려하지 않습니다. 하지만 감정은 삶의 상황에 따른 결과일 뿐 아니라 그런 상황을 만들어내는 창조자이기도 합니다.

우리는 건강하기 때문에 행복하다고 말하지만 그 과정이 반대로도 똑같이 작용할 수 있다는 점을 의식하지 못합니다. 우리는 행복하기 때문에 건강합니다. 우리는 너무할 정도로 감정을 훈련하지 못했습니다. 다른 사람을 위해 기뻐하는 행동은 그 사람뿐만 아니라 우리 자신에게도 축복을 줍니다.

다른 사람에게 화를 내는 행동은 그 사람의 잘못을 두고 자신에게 벌을 내리는 짓입니다. 괴로운 마음은 몸이 세상의 끝을 여행하더라도 여전히 집에 갇혀 있습니다. 반면에 행복한 마음은 몸이 집에 머물러 있어도 유유히 세상을 여행합니다.

감정은 성공적인 기도의 비결입니다. 우리는 기도하며 기도가 응답받은 상황에 스스로 몰입하고, 그 후 기도가 응답받았다는 확신 속에서 살고 행동하기 때문입니다. 성경에서 말하듯이 "하느님을 느끼며 찾아가는 여정"(사도행전 17:27)은 영혼의 숨겨진 능력을 점진적으로 펼치는 과정입니다. 감정은 그 어떤 것에도 중요성을 양보하지 않습니다. 감정은 그것이 없다면 어떤 창조도 불가능한 필수 효모입니다.

모든 형태의 창조적 상상은 감정적 요소를 내포하고 있습니다.

감정적 경향은 그것이 무엇이든 창조적 상상에 영향을 미칠 수 있습니다. "하느님을 느끼며 찾아가는 여정"에는 끝이 없습니다. 그 과정은 우리가 보여주는 받아들임의 자세에 비례해 더욱 확장되며 그 어떤 한계도 끝도 결코 없을 것입니다.

단순히 하나의 생각으로만 존재하는 생각은 무엇을 만들어내지도, 해내지도 못합니다. 생각은 오직 느껴졌을 때만, 즉 효과적인 감정을 동반했을 때만 행동을 시작합니다. 우리의 영혼 어딘가에는 만약 발견된다면 우리에게 부, 건강, 행복을 가져다줄 기분이 존재합니다.

창조적인 열망은 인간의 본성에 내재해 있으며 우리의 전체적 행복은 이러한 창조적 충동과 연관되어 있습니다. 하지만 완벽히 확신한다면 달라질 상황에서 우리가 완전히 '느끼지' 못하기 때문에 기도의 결과는 불확실해집니다. 잠언은 이렇게 말합니다. "기뻐하는 마음은 좋은 약이지만, 근심하는 마음은 뼈를 마르게 합니다."(잠언 17:22) 조화롭고 풍요로운 마음은 왕의 신성한 기름 안에서 타오르고, 영혼은 주님을 향해 새로운 노래를 부릅니다.

모든 진정한 기도는 즐거운 표정을 띠며, 선한 사람들에게는 다른 이보다 더 많은 기쁨의 기름이 부어져 축복이 찾아옵니다. 그러므로 하루의 사건에 대한 우리의 감정과 반응을 살펴나갑시다. 기도하는 순간에는 더욱 열정적으로 감정을 지켜냅시다. 기도는 진정한 창조가 이루어지는 상태이기 때문입니다.

품위는 한 인간이 삶의 더욱 고귀한 음악을 듣고 그 깊은 의미가 담긴 리듬에 맞춰 움직이고 있다는 점을 드러내는 지표입니다. 만약 우리가 오직 사랑스러운 것들만 상상하고 느낀다면 세상은 즉시 새롭게 바뀔 것입니다.

성경의 수많은 이야기는 전적으로 상상력과 감정의 힘에 대해 다루고 있습니다. "하느님을 느끼며 찾아가십시오!"라는 말은 진리를 추구하는 사람들의 외침입니다. 우리는 오직 상상력과 감정으로써 경험이 우리에게서 빼앗은 에덴을 회복할 수 있습니다. 상상력과 감정은 우리가 그 너머를 인식하는 감각입니다.

지식이 끝나는 곳에서 상상력과 감정이 시작됩니다. 인간이 느끼는 모든 고귀한 감정은 신성한 세계로 향하는 문을 열어줍니다. 사람이 거주하는 도시의 높이로 그를 평가하지 말고, 그가 가진 상상력과 감정의 웅장함을 기준으로 그를 바라봅시다.

생각을 천국까지 드높이고 상상을 천사들의 몸짓과 어우러지게 합시다. 우리를 움직이는 세상은 우리를 둘러싼 세상이 아니라 우리가 상상하는 세상입니다.

상상 속에는 미지의 대륙과 인류의 위대한 모험이 자리 잡고 있습니다. "하느님을 느끼며 찾아가는 여정"에 끝과 한계가 없다는 인식은 진심으로 하느님을 향하는 모든 탐구자의 경험의 결과였습니다. 그들은 무한한 존재에 대한 그들의 관념이 경험과 함께 끝없이 깊어지고 확장되었다는 사실을 깨달았습니다. 이 경험의 의미를 파

악하고 인간의 다른 지식과 조화시키려 애쓰는 사람은 철학적인 신비주의자입니다. 스스로 이러한 역량을 개발하고 경험을 풍부히 하려고 애쓰는 사람은 실용적이거나 실천적인 신비주의자입니다. 그리고 이들 중에서 가장 위대한 사람은 두 가지를 모두 해내려 노력합니다. 종교는 주관적 경험에서 시작됩니다. 종교는 고독 속에서 행하는 것이고 우리는 고독 속에서 주관적인 경험에 이끌리기 때문입니다.

진정한 종교적 태도는 인간을 구원합니다. 하느님은 절대 변하지 않으십니다. 변하는 존재는 우리입니다. 우리의 영적인 눈은 계속해서 예리해지고 있습니다. 그리고 이러한 진리의 확장은 우리에게 영원히 커지는 내면의 평화를 가져다줄 것입니다.

우리의 정신적이고 도덕적인 시각을 속이는 공격에 대한 최고의 방어는 영적인 눈, 즉 하느님의 눈을 갖는 것입니다. 다시 말해 상황에 따라 변할 수 없는 영적인 이상을 갖고 우리 안에서 개인적 명예와 정직함의 규범을 따르고 선의를 가지며 다른 사람을 사랑해야 합니다. "하느님께서는 당신이 어떤 사람인지, 그동안 무엇을 해왔는지 보지 않으십니다. 자비로운 눈빛으로 당신이 되려는 존재를 바라보십니다."

이 땅에서 가장 겸손한 사람의 몸에는 가장 고귀한 존재의 피가 흐르고 있습니다. 그러므로 하느님의 눈을 갖고 상상력을 지닌 사랑의 시선으로 사람들을 바라봅시다. 그러면 마치 태양이 비치자 물이 상상 속 구름 나라로 신비하게 올라가듯이 하느님의 시선이 미친 영향 아래 현실에서 이상이 떠오릅니다.

영적인 눈을 가진 사람은 완전히 멀리 떨어져 있는 것을 현재 존재하는 사실로 바라봅니다. 하느님의 눈은 미래의 꿈을 현재의 사실로 만듭니다. 수확까지 넉 달을 기다리지 말고 다시 그것을 보십시오. 우리가 하느님의 눈으로 계속 바라본다면, 어느 날 우리는 멀리 있는 것을 바라보며 일어날 것입니다. 그 순간 우리 가까이 머무는 정체된 모든 것은 중요치 않아질 것입니다. 우리는 그것들을 옆으로 밀쳐내며 멀리 내다본 목표를 향해 나아갈 것입니다.

진정으로 자신을 찾은 사람은 사랑에 의해 인도받은 길 외에 다른 길을 갈 수 없습니다. 그의 눈은 너무 순수해서 불의를 볼 수 없습니다. 다른 사람을 돕는 우리의 능력은 자신을 다스리고 돕는 능력에 비례할 것입니다. 사람이 자신을 이겨 승리를 거둔 날, 역사는 그것이 적에 맞서 싸운 승리라는 사실을 깨달을 것입니다.

치유의 손길은 태도에 있으며, 언젠가 인간은 영혼을 다스리는 것은 오직 평온함이라는 점을 알게 될 것입니다.

감정의 힘을 인식하며 우리의 기분과 태도에 철저히 주의를 기울입시다. 인간 발전의 모든 단계는 상상력과 감정의 작용을 통해 이루어집니다. 우리는 정신적 영역에서 '이상'을 창조함으로써 '이상적 이미지'에 몰입해 그 상태를 느낄 수 있으며 마침내 그것과 하나가 되어 이상적 이미지에 내재한 특성을 우리 존재의 핵심으로 흡수합니다.

고립된 사람이나 갇혀 있는 사람도 강렬한 상상력과 감정을 통해 무수한 사람에게 영향을 미치고 많은 사람을 이끌어 행동하며 여러 사람의 목소리로 말할 수 있습니다. 감각을 확장하고 마음의 움직임을 믿으며 모든 상상의 나래를 펼치고 자신이 가진 예민함을 두려워하지 마십시오. 다른 사람의 선의를 느끼는 가장 좋은 방법은 그것을 더욱 강렬히 인식하는 것입니다.

저의 벗이 되어 당신이 열망하는 건강, 부, 행복을 위해 더 많이 느끼십시오. 생각은 하늘에서 내려와 육신을 입기 전까지 축복을 내리지 않습니다. 현실에 보이는 결과와 성취를 진정한 상상력의 작용을 나타내는 중요한 기준으로 삼으십시오.

이러한 결과를 목격하면서 당신은 내면의 풍경을 사랑으로 채우고 고양되고 고귀한 기분으로 걸어갈 결심을 할 것입니다. 아래에 시인이 말한 뜻을 알게 될 것이기 때문입니다.

심은 대로 거두리니
저 멀리 들판을 보아라
참깨는 참깨였고 옥수는 옥수수였네
침묵과 어둠은 알고 있었으니
그렇게 인간의 운명이 지어지네

— 에드윈 아널드Edwin Arnold, 『아시아의 빛The Light of Asia』

I AM
THAT
I AM

지금 이 순간, 당신이 되고 싶은 것을 선언하십시오.
무엇을 선언하든 당신의 아버지인 지금 이 순간의 의식이
당신이 선언한 대로 이루어줄 것입니다.

4부

존재함으로써

완성되는 삶

THE IDEAS
of
NEVILLE
GODDARD

I AM THAT I AM

1장

나는 나로서
존재한다

나의 아버지는 사람들이 하느님이라고 부르는 분이지만, 나는 아버지를 알고 사람들은 그들의 하느님을 알지 못합니다. 나의 아버지와 당신의 아버지는 하나입니다. "이스라엘아, 잘 들어라. 우리의 하느님은 오직 한 분인 하느님이시라."(신명기 6:4) "나와 아버지는 하나입니다."(요한복음 10:30)

유일한 아버지께서 우리가 모두 그의 안에서 살아가고 움직이고 존재하도록 만드셨습니다. 그렇다면 우리가 함께 공유하는 유일한 아버지는 누구인가요? 모든 사람이 공통으로 가진 단 하나의 것은 우리가 존재한다는 인식입니다. 자신이 존재한다는 알아차림이 바로 우리의 아버지입니다.

세상 어느 곳을 가더라도 자신의 존재를 잊을 수는 없습니다. "내가 새벽의 날개를 달고 멀리 날아가 가장 먼 바다에 거할지라도, 당신은 거기에 계십니다."(시편 139:9-10) 나는 내가 존재한다는 것을 압니다. "내가 무덤에 잠자리를 펴더라도"(시편 139:8) 나는 내가 존재한다는 것을 압니다. 내가 기억상실증에 걸려 나의 정체성을 모조리 잃는다 해도 나는 여전히 내가 존재한다는 것을 압니다. 자신의 존재를 잊는 일은 불가능합니다. 나는 그것이 아니라고 말할 수는 있지만 나는 존재하지 않는다고 말할 수는 없습니다. 존재를 알아차리는 그 자체가 당신이 존재한다는 선언이기 때문입니다.

그러므로 당신이 스스로 존재한다고 주장하든 그렇지 않다고 말하든 상관없이 당신은 자신의 존재를 실제로 천명하고 있습니다. 사람은 끊임없이 자신의 존재를 말합니다. 우리가 존재한다는 인식이 바로 하느님 아버지입니다. 순수한 인식이 자신의 존재를 이것 또는 저것이라고 조건 짓는 순간, 형태가 없던 인식 안에서 분화가 시작되고 우리의 아버지인 진정한 자신은 우리가 생각한 대로 현실에 모습을 드러냅니다.

이 순수한 인식은 마치 공간과 같습니다. 공간은 그 자체로 어떤 형체도 없지만 모든 사물의 배경이 되어 만물에 형체를 부여하기 때문입니다. 당신이 지금 읽고 있는 책에서, 입고 있는 몸에서, 발 딛고 선 땅에서 공간을 추출한다면 모든 것은 즉시 사라질 것입니다.

의식은 형체가 없지만 의식한 존재에게 형체를 부여합니다. 하지만 자신에 대한 관념, 즉 자신에게 주어진 형체에서 의식을 거두는 순간 그 관념은 사라집니다. 관념은 오직 형체 없는 의식이 그것을 의식했을 때만 모양을 갖춰 현실에 남기 때문입니다.

"아버지는 무형의 영이시니, 아버지를 숭배하는 자는 영과 진리로 숭배해야 합니다."(요한복음 4:24) "나와 아버지는 하나입니다."(요한복음 10:30) 무형의 아버지는 바로 존재에 대한 인식입니다. 인식은 자신이 알아차리는 것에 형체를 부여함으로써 형체 없고 이름 붙일 수 없다는 본래의 특성을 잃습니다. 그리고 자신이 인식한 관념의 형체와 본질을 현실에 드러냅니다.

물이 다른 것들과 섞여 본래의 성질을 잃어도 증류 과정을 거치면 다시 깨끗해집니다. 이와 마찬가지로 인식이 자신의 무형성을 잃고 특정한 모습이 되더라도 영적 정화 과정을 거치면 본연의 순수한 상태로 돌아갑니다. 자신과 관념을 동일시하지 않을 때 당신은 관념에서 벗어나 영적으로 정화됩니다.

이제 당신은 세상에 유일한 하나가 당신의 아버지이자 영원한 지금이자 I AM, 즉 나의 존재라는 사실을 알았습니다. 그러니 삶의 부스러기를 구걸하려고 방황하지 마십시오. 지금을, 유일한 현실을, 당신의 아버지를 기억하십시오.

지금 이 순간, 당신이 되고 싶은 것을 선언하십시오. 무엇을 선언하든 당신의 아버지인 지금 이 순간의 의식이 당신이 선언한 대로 이루어줄 것입니다. 하지만 반드시 이렇게 요청해야 합니다.

원하는 존재가 된 상태를 인식하십시오. 더는 시간과 공간 속에서 당신의 아버지를 찾지 마십시오. 당신의 아버지는 지금 이 순간의 의식이기 때문입니다. "나와 아버지는 하나이지만, 아버지께서는 나보다 더 크십니다."(요한복음 10:30, 14:28) 나의 의식과 내가 알아차리는 존재는 하나입니다. 하지만 의식은 그 자체로 인식된 존재보다 큽니다. 관념을 품은 사람은 언제나 그가 품은 관념보다 클 것입니다. 아버지가 아들보다 크듯이, 의식은 의식에 대한 관념보다 큽니다.

이제 당신의 눈이 떠졌습니다. 당신의 아버지이자 전지전능한 하느님께서 당신이 알아차린 존재로서 당신에게 모습을 드러내셨습니다.

2 장

희망이 현실이 되는 것을 의심하지 말라

기적은 믿음이 없는 사람들이 믿음의 작용을 보고 붙인 이름입니다. "믿음은 희망하는 것을 이루는 물질이요, 보이지 않는 것에 대한 증거입니다."(히브리서 11:1)

가정의 법칙에 담긴 본질적 이치가 이 구절에 나와 있습니다. 당신이 희망하는 것을 세상에 구현할 물질이 있고 그 희망이 이루어질 가능성이 있다는 인식이 뿌리 깊이 자리하지 않으면 그것을 갖거나 그 상태가 되었다고 가정하는 일은 불가능할 것입니다. 창조가 완료되었고 모든 것이 존재한다는 사실은 당신에게 희망을 불어넣습니다. 희망은 결국 기대를 의미합니다. 성공하리라는 기대가 없으면 가정의 법칙을 의식적으로 사용하는 일은 가능하지 않습니다.

이 구절에 나온 "증거"란 실현의 징표입니다. 그러므로 믿음이란 당신의 가정이 이루어진다는 인식이고, 보지 못하는 것이 나타난다는 확신이자, 모습을 감춘 것이 세상에 드러난다는 정신적 지각입니다.

결론적으로 믿음이 부족하다는 말은 당신이 열망하는 것의 존재를 불신한다는 명백한 뜻입니다. 당신의 의식 상태가 충실히 재현된 결과가 곧 당신이 경험하는 일이라는 점을 고려할 때, 믿음이 부족하면 가정의 법칙을 의식적으로 사용하며 당연히 줄곧 실패할 것입니다.

역사가 시작된 이래, 믿음은 커다란 역할을 해왔습니다. 믿음은 전 세계의 모든 위대한 종교에 스며들어 있으며 모든 신화에 전반적으로 얽혀 있습니다. 하지만 오늘까지도 믿음은 거의 보편적으로 오해되고 있습니다. 널리 퍼진 생각과 달리 믿음은 어떤 외부적 힘 때문에 효과를 발휘하지 않습니다. 믿음의 효험은 처음부터 끝까지 자신의 의식 활동에서 비롯되어 생겨납니다.

성경은 믿음에 대한 많은 말씀으로 가득 차 있지만 말씀의 진정한 의미를 알아차리는 사람은 거의 없습니다. 여기 몇 가지 대표적 예시가 있습니다.

"그들과 마찬가지로 우리에게도 복음이 전해졌습니다. 하지만 그 말씀은 그들을 유익하게 하지 못했습니다. 그들이 복음을 듣고 믿음을 합하지 않았기 때문입니다."(히브리서 4:2) 이 구절은 "우리"와 "그들"이 모두 복음을 들었다는 점을 분명히 밝힙니다. "복음"은 기쁜 소식을 의미합니다. 매우 명확하게도 기쁜 소식이란 당신이 원하는 바가 이루어졌다는 말일 것입니다. 당신의 무한한 자아는 기쁜 소식을 당신에게 항상 "전하고" 있습니다. 기쁜 소식은 바로 당신이 열망하는 것이 실제로 존재하고 그것을 오직 의식으로 받아들이면 된다는 사실입니다. "믿음을 합하지 않았다"라는 말은 열망이 실현되리라는 사실을 부정했다는 뜻입니다. 그러므로 "유익", 즉 열망의 성취는 불가능합니다.

"오, 믿음이 없고 뒤틀린 세대여, 내가 얼마나 오랫동안 여러분과 함께해야 합니까?"(마태복음 17:17) "믿음이 없다"라는 말이 무슨 뜻인지 위에서 이미 분명히 밝혔습니다. "뒤틀린"이라는 표현은 잘못된 방향으로 구부러졌다는 의미입니다. 다시 말해, 당신이 원하는 대로 의식이 존재하지 않는 상태를 말합니다. 믿음이 없는 것, 즉 당신의 가정이 실현되리라는 전망을 불신하는 태도가 바로 뒤틀린 상태입니다.

"내가 얼마나 오랫동안 여러분과 함께해야 합니까?"라는 질문에는 소망을 이루려면 의식 상태를 올바르게 바꿔야만 한다는 질책이 담겨 있습니다. 마치 당신의 열망이 "네가 믿음이 없고 뒤틀린 상태에서 의로움으로 돌아서기 전까지는, 절대 네 것이 되도록 이루어지지 않을 거야"라고 말하는 듯합니다. 앞서 말했듯이 의로움은 당신이 원하는 존재가 이미 되었다는 의식입니다.

"그는 믿음으로써 왕의 분노를 두려워하지 않고 이집트를 떠났습니다. 보이지 않는 그분을 마치 보고 있는 것처럼 견뎌냈기 때문입니다."(히브리서 11:27) 여기서 "이집트"는 무지에 빠져 여러 신, 즉 각종 원인을 개인적으로 믿는 마음을 의미합니다. "왕"은 외부 조건이나 상황이 가진 힘을 상징합니다. "그"는 원하는 존재가 이미 되었다는 당신의 자기 관념을 뜻합니다. "보이지 않는 그분을 마치 보고 있는 것처럼 견뎌냈다"라는 말은 열망이 이미 이루어졌다는 가정을 지속하는 행동을 나타냅니다. 그러므로 이 구절은 원하는 존재가 이미 되었다는 가정을 지속함으로써 당신이 모든 의심과 두려움, 외부 조건이나 상황이 가진 힘에 대한 개인적 믿음을 넘어선다는 뜻입니다. 그리고 마침내 당신의 세계가 필연적으로 당신의 가정을 따라 흐를 것을 암시합니다.

믿음의 사전적 정의는 "진리에 도달하려는 마음가짐 또는 분별 있는 태도, 원칙에 대한 변함없는 고수"입니다. 이 정의는 매우 적절해서 마치 가정의 법칙을 염두에 두고 작성된 듯합니다. 믿음은 의문을 제기하지 않습니다. 믿음은 아는 것입니다.

3장

하루하루를
새로운 날로 시작하라

운명은 당신이 반드시 경험해야만 하는 것입니다. 사실 사람의 운명은 무수히 많은 개별 운명으로 직조되어 있습니다. 각각의 운명은 이루어진 후 또다시 새로운 운명의 출발점이 됩니다.

삶에는 한계가 없으므로 궁극적 운명이 존재한다는 개념은 생각하기 어렵습니다. 의식이 유일한 현실이라는 점을 이해할 때, 우리는 의식이 오직 한 분인 창조주라는 사실을 깨닫습니다. 당신의 의식이 곧 운명의 창조주라는 뜻입니다. 실제로 알아채든 알아채지 못하든 당신은 매 순간 당신의 운명을 창조하고 있습니다.

당신이 운명의 창조주라는 사실을 전혀 짐작하지 못했지만 수많은 좋은 일과 심지어 경이롭기까지 한 일이 당신의 삶에 펼쳐져왔습니다. 하지만 당신의 경험을 초래한 원인을 이해하고 좋은 일과 나쁜 일을 포함해 삶의 모든 장면을 당신이 스스로 창조해왔다는 사실을 깨달으면 당신은 삶의 모든 현상을 더욱 예리하게 관찰하게 됩니다. 그뿐만 아니라 의식의 힘을 인식함으로써 삶의 풍요로움과 장엄함 앞에 더욱 깊은 감탄을 표합니다.

가끔 당신이 운명의 창조주라는 사실과 반대되는 경험을 하더라도 당신의 운명은 의식의 더욱더 높은 상태에 다다르고 창조의 무한한 경이로움을 점점 더 많이 실현하게 됩니다.

사실 당신은 열망을 통해 연속적 운명을 의식적으로 창조할 수 있다는 사실을 깨닫는 지점에 도달하도록 운명 지어졌습니다. 이 책은 의식과 가정의 법칙의 작용에 대해 상세히 설명하고 있으므로 당신이 읽고 연구한다면 만능열쇠처럼 당신을 의식적으로 가장 높은 운명에 도달하도록 이끌 것입니다.

오늘 바로 새로운 삶을 시작하십시오. 새로운 의식 상태와 함께 새로운 마음가짐을 갖고 모든 경험에 접근하십시오. 모든 면에서 당신의 가장 고귀하고 제일 뛰어난 모습을 가정하고 그 안에서 계속 나아가십시오. 믿으십시오. 그러면 위대한 경이로움이 펼쳐집니다.

4 장

진정한 자유는
스스로
만드는 것이다

    모든 이해를 넘어선 평화에 들어서기 전에 지금 당신을 억압하는 허상, 즉 나뉘어 있다는 착각에서 가장 먼저 깨어나야 합니다. 만약 당신이 자신의 혈통, 인종, 교리와 자신을 동일시한다면 사람들이 그것을 비난하고 책망할 때 당신은 즉시 상처받을 것입니다. 자신과 결부된 모든 것은 창살이 되어 당신이 스스로 만든 감옥을 견고히 지탱합니다. 무엇에도 결부되지 않는 자세만이 유일한 탈출구입니다. 당신은 모든 것을 버리고 나를 따라야만 합니다. 그리스도 안에서는 그리스인도 유대인도, 노예도 자유인도 없습니다.

    현재 당신과 결부된 대상은 당신이 가진 관념 때문에 당신 안에 깊게 뿌리내리고 있습니다. 자기 관념은 자신이 세상을 판단하는 기준이 됩니다. 우리는 현재 자신을 어떻게 생각하고 있는지에 따라서 모든 것을 판단합니다. 자기 인식은 우주가 연주하는 교향곡의 선명한 음표가 되고, 이 하나의 음표는 자신과의 관계 속에서 모든 음표의 가치를 즉시 결정합니다.

자신에 대한 생각을 바꾸십시오. 자신을 재평가하면 당신의 세계가 바로 바뀔 것입니다. 사람들은 자기 인식이나 자기 가치에 대한 평가는 그대로 둔 채, 세상만 바꾸려 하면서 늘 지는 싸움을 해왔습니다.

예수님께서는 이 법칙을 발견하셨고, 사람들을 바꾸는 대신 자신을 바꾸셨습니다. "저는 이제 스스로 거룩하게 되어 그들도 진리로써 거룩하게 하려는 것입니다."(요한복음 17:19) 예수님께서는 이렇게 말씀하시며 세상의 모든 진리가 바로 자신이라는 점을 밝히셨습니다.

진리는 자신 이외의 모든 것을 베는 검입니다. I AM, 즉 당신이 존재한다는 인식이 바로 진리입니다. 그러므로 존재 이외의 다른 어떤 것과 자신을 동일시하면 당신은 그것에 얽매이고 제한받게 됩니다.

당신은 의식한 존재를 끊임없이 객관적 현실에 드러내고, 스스로 자신이라고 인식한 대상이 완벽히 구현되는 세계에서 영원히 살아갑니다. "깨끗한 사람들에게는 모든 것이 깨끗합니다."(디도서 1:15) 끊임없이 세상을 책망하는 사람들은 이 말을 커다란 장벽처럼 느낍

니다. "그러므로 그리스도 예수 안에 있는 사람들은 책망받지 않습니다."(로마서 8:1)

예수님께서 다음과 같이 말씀하시며 법칙의 작용을 드러내셨을 때 사람들은 예수님을 떠났다고 전해집니다. "내 안의 아버지께서 이끌지 않으시면 누구도 내게 올 수 없습니다."(요한복음 6:44) "나와 아버지는 하나입니다."(요한복음 10:30)

그들은 자신이 사는 세상을 스스로 만들어왔다는 사실을 믿을 수 없었습니다. 수천 년이 지난 지금도 외부에서 세상을 바꿔야 한다고 믿는 모든 사람에게 이 사실은 커다란 걸림돌이 됩니다.

당신과 당신에 대한 관념은 하나입니다. 자신을 어떻게 생각하는지는 자신이 그려온 아버지의 형상에 달려 있습니다. 이 형상은 당신이 그린대로 그것이 좋든 나쁘든 무심하든 상관없이 당신의 세계를 구축합니다. 아버지는 스스로 인식한 대로 당신을 제한하는 당신의 인식입니다.

세상을 바꾸고 싶다면 세상에서 마주한 모든 것이 자신이라는 진리 안에서 그렇게 하십시오. 당신은 세상의 무엇 때문에 지금 이 모습인 것이 아닙니다. 하지만 세상은 당신의 무엇 때문에 지금의 모습을 하고 있습니다. 여기서 무엇은 스스로 자신에게 매긴 가치나 판단을 의미합니다. 정리하자면 관념을 품는 존재는 진정한 자아로서 자신에 대한 관념을 활용해 자신의 세계를 채우고 형성합니다. 그러니 세상에 구현되길 원하는 모습이 되었다고 선언하며 세상을 바꾸기 시작하십시오. 예수님께서는 스스로 하느님과 하나가 되셨고 하느님의 일을 하는 자신을 찬탈자나 괴짜라고 여기지 않으셨습니다. 예수님의 본을 따르십시오.

자유는 이마에 땀방울을 흘리는 노력으로 얻어지지 않습니다. 세상과 갈등하는 일을 그만두십시오. 세상은 그저 반영할 뿐입니다. 야곱은 씨름하던 문제를 놓아주자 비로소 자유로워졌습니다.* 이와 마찬가지로 당신도 야곱의 본을 따라 문제와 자신을 동일시하지 않고 문제를 흘려보내야만 자유로워질 것입니다. 하늘, 즉 의식에서 묶인 것은 땅에서도 묶이고 하늘에서 흘려보낸 것은 땅에서도 흘려보내지기 때문입니다.

"여러분은 진리를 알게 될 것이고, 진리가 여러분을 자유롭게 할 것입니다."(요한복음 8:32) "나는 진리입니다."(요한복음 14:6) 그러므로 현실에서 제한된 자신을 깨달으려면 무지 속에서 자신이라고 믿어 왔던 모습에서 벗어나야 합니다. 모든 것을 떠나 그저 나로 존재하십시오.

---

* 창세기 32장에서 야곱은 하느님의 사자와 밤새 씨름하다 그를 놓아주는 순간 축복과 자유를 얻었습니다.

5장

자신의 존재를 의심하지 말라

"하느님의 왕국을 구하십시오. 그러면 모든 것이 여러분에게 더 해질 것입니다."(마태복음 6:33) 모든 현상의 근원을 밝히면 창조의 비밀을 알게 됩니다. 당신은 "태초에 하느님께서 하늘과 땅을 창조 하셨습니다."(창세기 1:1)와 "만물이 그분을 통해 생겨났으며, 그분 없 이 생겨난 것은 무엇도 없습니다."(요한복음 1:3)라는 말을 들어왔습 니다. 누구도 이 진술의 진실성에 의문을 제기하지 않습니다. 하지 만 사람들은 '하느님이 누구이며 대체 어디에 계십니까?'라고 묻습 니다.

성경은 하느님이 누구인지에 대해 이렇게 대답합니다. "나는 하 느님이며 주이다. '스스로 존재하는 자'가 나(모세)를 너희에게 보내셨다고 말하라."(출애굽기 3:14) 또한, "하느님의 왕국은 여러분 안에 있습니다"(누가복음 17:21)라고 이야기하며 하느님이 어디에 계시는지 답합니다. 두 가지 대답은 존재에 대한 인식이 하느님이며, 존재를 알아차린 곳에 하느님이 계시다는 점을 분명히 밝힙니다.

자신의 존재를 의식하는 행위는 I AM, 즉 "나는 존재한다"라는 무언의 선언입니다. 당신은 이 장을 읽으며 존재를 인식합니다. 이 알아차림, 즉 존재에 대한 의식이 바로 창조주 하느님입니다. 존재 인식은 만물이 살아가고 움직이고 자신의 존재를 부여받는 무형의 심연입니다. 인식 없이는 그 무엇도 실재할 수 없습니다.

"아브라함이 있기 전에 내가 존재했습니다. 세상이 있기 전부터 나는 존재했고 모든 것이 사라질 때도 나는 존재합니다."(요한복음 8:58, 17:5) 존재한다는 인식은 존재를 둘러싼 모든 관념보다 우선하며 관념이 모조리 사라지더라도 그 자체로 무형의 모습으로 남습니다. 창조자는 반드시 창조물보다 앞서 존재해야 합니다. 관념을 품은 사람이 관념보다 먼저 존재하는 것과 같습니다. 창조는 창조자 안에서 시작되고 끝이 납니다. 의식이 바로 모든 실현의 비결인 것입니다. 모든 창조는 드러내고 구상하고 십자가에 못 박힌 뒤 부활하는 세 가지 단계를 거쳐서 이루어집니다. 구상, 열망, 야망은 모두 움직임이 없는 존재인 I AM 안에서 움트는 관념입니다. 의식은 아버지이며 의식에 대한 모든 관념은 아버지를 증언하는 자녀들입니다. 그러므로 "나와 아버지는 하나이지만, 아버지께서는 나보다 더 크십니다"와 같이 관념을 품은 사람과 관념은 하나이지만, 관념을 품은 사람은 그가 품은 관념보다 큽니다.

인식은 그 자체로 무한합니다. 어떤 것 또는 어떤 사람을 인식하는 행위는 무한한 것에 조건을 지우는 일입니다. 정의 내려진 대상은 정의 내리는 사람보다 작기 때문입니다. 존재 인식은 전능한 하느님이자 영원한 아버지이고, 세상의 모든 통치는 그의 어깨에 달려 있습니다. 인식은 존재한다고 알아차린 모든 대상을 지탱하고 이끕니다. 존재한다는 자각은 열망을 매개로 자신을 잉태하는 영원한 자궁입니다. 충동이나 열망을 인식하는 것 자체가 그것을 드러내고 구상하는 행위입니다. 무형의 자신이 이미 열망하는 모습이 되었다고 느끼며 그 사실을 믿는 태도는 느낌이라는 십자가 위에 스스로 못 박히는 일입니다. 그리고 모든 의심이 사라지고 깊은 확신이 솟아날 때까지 내가 바로 열망하는 그 존재라고 느끼고 끊임없이 확신하면 부활, 다시 말해 느껴진 존재의 본질을 분명히 표상하는 단계에 이르게 됩니다.

지금 이 순간, 당신은 스스로 의식한 자신의 존재를 부활시키고 표상하고 있습니다. "나는 부활이요 생명입니다."(요한복음 11:25) I AM, 즉 나의 존재는 지금 스스로 의식한 모습을 살아 있는 현실의 형태로 나를 둘러싼 세상에 생생히 구현하고 있습니다. 나에 대한 관념이 다른 것으로 바뀔 때까지 멈추지 않고 끊임없이 그렇게 할 것입니다. 그러므로 '나는 누구인가?'라는 영원한 질문에 대해 당신의 의식이 내리는 답은 당신의 세계와 그 세계 속의 모든 표상을 결정지을 것입니다. I AM이 전지전능한 주 하느님임을 깨달으십시오. 그리고 나라는 존재, 즉 당신의 인식 이외에 그 어떤 신도 존재하지 않는다는 점을 자각하십시오. 아무개인 내가 신이 아니라, I AM이 바로 신입니다. 지금 내 모습은 의식이 스스로 제한하거나 가지고 있는 관념일 뿐입니다. 나에 대한 제한된 관념은 그게 무엇이든 상관없이 지금 내 모습으로 한없이 드러납니다. 표상을 바꾸려면 자신에 대한 관념을 바꿔야 합니다. 말뿐이 아니라 진실로 그러해야 합니다. 그러므로 현재 자신이 가진 한계에서 완전히 주의를 돌려 자신의 새로운 관념에 집중하십시오. 진정한 자아인 당신의 인식이 "나는 나로서 존재한다"(출애굽기 3:14)라는 믿음과 확신에 완전히 몰두할 때까지 계속 나아가십시오.

이것은 형체가 없고 이름 붙일 수 없는 당신이 새 옷을 입고 다시 태어나는 과정입니다. 당신의 진정한 자아는 누구도 볼 수 없으며 심지어 자아 자체도 자신을 볼 수 없습니다. 오직 자신에 대한 관념만 볼 뿐입니다. 모든 일이 시작되는 지금 이 순간, 발상이나 열망은 구현될 모습을 찾아 당신의 의식 속을 헤엄치고 있습니다. 열망은 실현되거나 부활하기 위해서 반드시 십자가가 되어야 합니다. 그리고 의식은 십자가의 고정된 지점에 못 박힙니다. 의식은 살아 있는 단 하나의 현실이자 유일한 부활의 힘입니다. 그러므로 나의 열망에 생명을 불어넣으려면 원하는 바를 반드시 의식을 통해 알아차려야 합니다.

"물 사이에 창공을 두어 물과 물이 나뉘게 하라."(창세기 1:6)

물과 물 사이, 즉 형체 없는 인식 안에 나는 내가 열망하는 존재라는 결의와 확신을 두십시오. 이 믿음을 굳게 지킨다면, 당신은 인간이 알지 못하는 방식으로 열망을 실현하거나 부활시키게 될 것입니다. 삶 또는 의식은 인간의 개념으로 알 수 없는 방식으로 작동하며 그 방식은 우리가 알아낼 수 없습니다. 삶이 지금의 나라고 보여주는 관념은 삶이 쓰고 있는 가면입니다. 자신이라고 생각한 존재 안에 이름 붙일 수 없는 무한한 I AM이 있습니다.

삶에 드러나는 모든 표상의 초석은 의식입니다. 어떤 사람도 의식이 아닌 다른 초석을 두지 못합니다. 사람이 아무리 애써도 존재 의식인 하느님 외에 다른 실현의 원인을 찾을 수는 없습니다. 사람은 세균에서 질병의 원인을 발견했다고 생각하고 전쟁의 원인이 정치적 이데올로기를 둘러싼 갈등과 탐욕 때문이라고 말합니다. 이러한 모든 발견은 지혜의 정수라고 여겨지지만 하느님의 눈에는 어리석어 보입니다. 세상에는 오직 하나의 힘만 존재할 뿐이며 그 힘은 하느님, 바로 의식입니다. 의식은 목숨을 빼앗고 숨을 불어넣고 상처 입히고 치유합니다. 선한 일, 악한 일, 그리고 선하지도 악하지도 않은 일을 모두 합니다.

죄수에게는 감시자가, 노예에게는 주인이 있어야 합니다. 스스로 감금됐다고 느끼는 국가는 저절로 독재자를 만들어낼 것입니다. 거울을 깨트린다고 해서 거울에 비친 상을 없앨 수 없듯이 독재자 한 명을 말살한다고 해서 독재 자체를 몰아낼 수는 없습니다. 국가가 가진 의식이 그에 걸맞은 지도자를 만들어냅니다. 개인이 모여 국가를 이루기에 국가에 적용되는 진리는 개인에게도 적용됩니다.

사람은 그야말로 자신의 의식이 객관적 현실로 정확히 구현된 세상을 살아갑니다. 우리는 이 사실을 알지 못한 채 세상에 반영되는 빛과 이미지는 그대로 두며 현실에 맺힌 상과 치열히 다툽니다. "나는 세상의 빛입니다."(요한복음 8:12) I AM, 즉 존재 의식이 빛입니다. '나는 부자야, 나는 건강해, 나는 자유로워' 같은 자기 관념이 세상에 반영되는 이미지입니다.

세상은 I AM이 의식한 모든 것을 확대해서 보여주는 거울입니다. 세상을 바꾸려 애쓰지 마십시오. 세상은 당신이 누구인지 보여주는 거울일 뿐입니다. 자신이 자유롭다거나 속박되었다고 인식하는 사람은 자신이 인식한 그 모습을 세상에 드러내고 있습니다. 사람들이 당신의 문제가 무엇이라고 진단했든 나는 상관하지 않습니다. 당신이 이 지침을 충실히 따른다면 아무리 오래된 문제라도 눈 깜빡할 사이에 사라질 것을 압니다.

자신에게 이 간단한 질문을 던지십시오. '내가 자유롭다면 어떻게 느낄까?' 당신이 진심으로 질문을 하는 그 순간, 답이 떠오를 것입니다. 다른 사람의 열망이 갑자기 실현된다면 그 사람이 어떻게 느낄지 답할 수 있는 사람은 아무도 없습니다. 하지만 자신이 어떻게 느낄지는 모두 압니다. 그런 느낌은 반사적으로 찾아오기 때문입니다.

질문에 대한 답으로 떠오른 느낌이나 전율은 의식의 아버지 상태이자 초석입니다. 그리고 여기서부터 내가 느낀 상태가 현실이 될 것입니다. 이 느낌이 어떻게 세상에 자신을 드러낼지 아무도 모르지만 그것은 이루어질 것입니다. 아버지, 즉 의식에게는 사람이 알지 못하는 방식이 있기 때문입니다.

새로운 느낌을 몸에 두르며 자연스럽게 여기십시오. 모든 것은 자신의 본질을 표현합니다. 그러므로 이 느낌이 당신의 본질이 될 때까지 몸에 두르고 있어야만 합니다. 이 과정은 한순간일 수도, 또는 1년이 걸릴 수도 있습니다. 전적으로 당신에게 달린 일입니다. 모든 의심이 사라지고 '나는 이것이다'라고 느끼는 순간, 당신은 나라고 느끼는 것의 본질을 실현하기 시작합니다. 우리는 새 모자나 신발을 사고 난 뒤 다른 사람에게도 새 물건인 티가 나지 않을까 생각합니다. 그래서 오래 착용해서 익숙해지기 전까지 어색함을 느낍니다. 이와 똑같은 과정이 의식의 새로운 상태를 입는 일에도 적용됩니다.

'지금 이 순간 열망이 실현되면 어떻게 느낄까?'라는 질문을 자신에게 던진 뒤, 즉시 떠오른 그 대답이 너무 낯설어서 마치 내 것 같지도 진실 같지도 않게 느껴집니다. 그래서 당신은 새로운 의식 상태를 떨쳐버린 채 당신이 가진 문제로 즉시 되돌아옵니다. 문제 상태가 훨씬 익숙하기 때문입니다. 의식이 당신을 둘러싼 환경 안에서 자신을 구현한다는 사실을 모르고, 마치 롯의 아내처럼 문제를 되돌아보며 그 익숙함에 또다시 깊이 빠져듭니다.*

예수님께서 외치시는 구원의 말씀이 들리지 않습니까? "모든 것을 버리고 나를 따르십시오. 죽은 자들은 죽은 자들이 장사지내게 두십시오."(마태복음 8:22)

문제가 지닌 현실성과 익숙함에 깊이 빠져버린 나머지, 새로운 느낌을 두르거나 구원의 의식 상태를 따르는 일이 어렵게 느껴질 수 있습니다. 하지만 그렇게 해야만 결과를 얻을 수 있습니다. 건축자들이 버린 돌, 즉 당신이 따르지 않은 의식이 기둥 밑에 받쳐놓는 '모퉁잇돌'입니다. 누구도 모퉁잇돌 없이 기초를 세울 수는 없습니다.

---

* 창세기 19장에 따르면 하느님께서 소돔과 고모라를 멸망시키실 때, 롯의 아내는 뒤돌아보지 말라는 명령에 따르지 않아 소금 기둥이 되었습니다.

6장

열망을 넘어
존재의 결과를 계속
마음속에 새겨라

마음에 새겨진 모든 인상은 반드시 이루어질 상태에 대한 확언으로 나타나야 합니다. '나는 위대해질 거야' 또는 '나는 자유로워질 거야'라는 말은 지금 내가 위대하지 않고 자유롭지 않다는 고백일 뿐입니다. 뭔가가 되어가는 존재로 자신을 바라보는 행동은 자신이 그 존재가 아니라는 점을 확실히 알고 있다는 방증입니다.

인상을 받는다는 뜻의 영어 단어 'Impressed'는 'I'm pressed', 즉 '내가 새겨졌다'는 의미이며 1인칭 현재형으로 쓰입니다. 세상에 드러난 모든 표상은 각인이라는 뜻의 영어 단어 'Impressions'가 'I'm pressions'가 되어 내 안에 깊게 새겨진 결과입니다. 오직 자신이 열망하는 상태를 스스로 주장할 수 있을 때, 그 주장이 실현될 것입니다. 당신의 모든 열망이 이루어질 것이 아니라 이미 이루어졌다고 마음에 새기십시오. 당신의 인식은 하느님이며 하느님은 모든 것의 충만함이자, 영원한 지금이자, I AM이기 때문입니다.

징조는 뒤따라올 뿐 앞서 나타나지 않습니다. 당신은 지금 존재하는 것의 징조를 결코 보지 못합니다. 내일을 생각하지 마십시오. 수많은 내일은 당신이 마음에 새긴 수많은 오늘의 표상이기 때문입니다. "바로 지금이 받아들여질 때입니다."(고린도후서 6:2) "하늘 왕국이 가까이에 있습니다."(마태복음 3:2)

예수님께서 이렇게 구원의 말씀을 전하셨습니다. "나는 모든 날 동안 여러분과 함께 있습니다."(마태복음 28:20) 당신의 인식은 항상 당신과 함께하는 구원자입니다. 하지만 당신이 그를 부정하면 그 역시 당신을 부정할 것입니다. 오늘날 수백만 명의 사람이 미래에 구원자가 나타날 것이라고 주장하며 지금 존재하는 그를 부정하듯이 당신도 그렇게 행동하고 있습니다. 하지만 이 주장은 곧 '우리가 구원받지 못했다'라는 의미입니다. 당신은 구원자의 등장을 살피는 일을 그만두고 지금 당장 구원받았다고 외쳐야 합니다. 그러면 당신 주장의 징표가 뒤따를 것입니다.

과부가 "당신의 집에 무엇이 있습니까?"라는 질문을 받았을 때 그녀는 물질을 인식했습니다. 그리고 기름 항아리가 비어 있는 것은 아니라고 판단하며 기름이 세 방울 남아 있다고 답했습니다. 기름 세 방울도 믿음을 갖고 요청하면 넘치는 샘이 됩니다.* 당신의 인식은 존재를 의식한 모든 것을 확대하기 때문입니다. 내가 기름 또는 기쁨을 가질 것이라는 주장은 지금 내가 결핍되었다는 고백입니다. 결핍 의식은 결핍을 낳습니다. 하느님, 즉 당신의 인식은 모두에게 공평하며 오직 의식에 새겨진 것만 구현할 수 있습니다. 당신의 모든 열망은 당신의 필요에 따라 정해집니다. 열망은 자동으로 피어납니다.

당신이 열망을 의식하고 당신의 인식이 하느님이라는 사실을 안다면 각각의 열망을 하느님께서 알려주시는 진실의 말씀으로 바라봐야 합니다.

"호흡이 콧구멍에 있는 인간의 관점에서 벗어나라."(이사야서 2:22)

인간은 자신의 열망을 이루어지지 않은 것으로 보지만 우리는 언제나 우리가 의식한 존재가 됩니다. 그러므로 "그것이 될 것이다"라고 절대 주장하지 마십시오. 이제부터 어떤 열망이든 "나는 그 존재이다"라고 주장하십시오.

"그들이 부르기도 전에 나는 대답해왔다."(이사야서 65:24)

• 열왕기하 4:1-6에서 과부는 기름을 고작 한 항아리 가지고 있었지만, 그 항아리에서 계속 기름이 솟아나 이웃의 빈 그릇들을 모두 채웠습니다.

문제의 해답은 당신이 생각할 겨를도 없이 열망이라는 형태로 당신에게 주어졌습니다. 앞이 보이지 않는 사람, 발을 저는 사람, 장애가 있는 사람은 모두 한계에서 벗어나려는 자연스러운 열망을 품습니다. 하지만 사람은 투쟁을 통해 열망을 실현해야 한다고 깊이 주입받았기 때문에 무지에 빠져 I AM, 즉 의식의 문을 끊임없이 두드리는 구원자를 받아들이지 않습니다. 열망이 실현되면 당신의 문제가 해결되지 않겠습니까?

구원자를 받아들이는 일은 세상에서 가장 쉽습니다. 우선, 대상이 존재해야만 받아들일 수 있습니다. 당신이 열망이라는 존재를 알아차리면 이제 열망은 당신의 의식이 받아들일 수 있는 상태가 됩니다. 비록 눈에 보이지 않더라도 당신은 열망이 이미 실현되었다고 확언해야만 합니다. "하느님은 없는 것, 보이지 않는 것을 있는 것처럼 부르십니다."(로마서 4:17) '나는 하느님, 즉 열망한 것이다'라는 주장은 당신의 구원자를 받아들이는 말입니다.

당신이 품은 모든 열망은 구원자가 문을 두드린 결과입니다. 문을 두드리는 소리는 누구나 듣습니다. 하지만 스스로 '내가 그것이다'라고 주장할 때만 우리는 문을 열고 구원자를 받아들일 수 있습니다. 당신의 구원자가 반드시 들어오도록 하십시오. 당신의 구원자가 지금 이 순간 함께한다는 인식이 각인될 때까지, 열망하는 것을 당신 내면에 새겨넣으십시오. 그리고 승리의 선언을 외치십시오. "모두 이루어졌습니다!"(요한복음 19:30)

7 장

바라지 않는 사람은 이룰 수 없다

"누구든지 가진 사람은 더 받아 넉넉해지고, 가지지 않은 사람은 그 가진 것마저 빼앗길 것입니다."(마태복음 25:29) 많은 사람이 예수님께서 하신 말씀 중 이 구절을 가장 잔인하고 불공정하다고 여깁니다. 전 세계적으로도 '빈익빈 부익부', '가진 자가 더 갖는다.' 등과 같은 통념이 널리 알려져 있습니다. 하지만 이 구절은 변하지 않는 원칙을 바탕으로 한 가장 정의롭고 자비로운 법칙을 보여주고 있습니다.

하느님께서는 누구도 차별하지 않으십니다. 하느님께서는 무한한 인식으로서 우리 한 사람, 한 사람이 스스로 인식한 존재를 우리에게 주십니다. 어떤 존재나 물건을 의식하면 내가 인식한 그 존재가 되거나 그 물건을 실제로 소유하게 됩니다. 이 불변의 원칙은 만물에 적용됩니다.

존재를 의식한 대상이 아닌 다른 무엇이 되는 일은 불가능합니다. "가진 사람, 즉 존재를 인식한 사람이 더 받을 것입니다."(마태복음 25:29) 그것이 선하든 악하든 선하지도 악하지도 않든 상관없습니다. 당신이 무엇을 인식하는지는 중요하지 않습니다. 당신이 인식한 존재는 가득 담겨서 넘치도록 후하게 당신에게 주어질 것입니다. 이 불변의 법칙에 따라 "가지지 않은 사람은 그 가진 것마저 빼앗기고 가진 사람은 더 받게 될 것입니다."(마태복음 25:29) 그래서 부자는 더 부유해지고 가난한 사람은 더 가난해집니다. 그렇습니다. 가진 사람이 갖습니다.

당신은 의식하지 않은 존재를 현실에 표현할 수 없습니다. 두 주인을 섬길 수도 없습니다. 당신이 섬겨야 하는 주인은 당신이 언제나 동일시하는 의식 상태입니다. 따라서 의식하지 않은 대상은 한 번도 의식에 머물렀던 적이 없어서 빼앗기고, 의식한 대상은 의식에 더해집니다. 모든 것이 자신과 조화를 이루는 의식에 자연스럽게 끌리듯이 조화를 이루지 않는 의식에서는 한없이 멀어집니다.

그러므로 가지지 못한 자들이 가진 자들을 파괴하는 행렬에 동참하는 대신, 이 불변의 실현 법칙을 깨닫고 되려고 결심했던 존재가 이미 되었다고 의식적으로 주장하십시오. 결심을 하고 의식적 주장을 확고히 세운 이후에는 결실을 맺을 때까지 확신을 갖고 계속 나아가십시오. 밤이 지나면 아침이 찾아오듯이 당신이 의식적으로 확신한 주장은 이루어질 것입니다.

그러므로 잠들어 있는 전통적 시각에서는 잔인하고 불공정해 보이는 법칙이 깨달은 사람에게는 가장 자비롭고 정의로운 진리의 선언이 됩니다. "나는 폐하러 온 것이 아니라 성취하러 왔습니다."(마태복음 5:17) 하느님은 어떤 것도 파괴하지 않는다는 사실을 마음에 새기고 반드시 당신이 되고 싶은 존재가 되십시오. 원하는 모습이 되도록 하느님께서 당신을 가득 채워주셨다고 스스로 주장하십시오. 무엇도 파괴되지 않습니다. 모든 것은 성취됩니다.

8 장

감정에 휘둘리지 말고 자신을 규정하는 것들에 무심하라

할례는 창조의 주체를 감추는 장막을 제거하는 수술입니다. 육체적 의식은 영적 의식과 전혀 관계가 없습니다. 전 세계 사람이 육체적으로 할례를 받는다 해도 그들은 여전히 깨끗하지 못하며 눈먼 자들의 눈먼 지도자로 남아 있을 것입니다. 영적으로 할례를 받은 사람은 어둠의 장막이 벗겨져 자신이 그리스도인, 즉 세상의 빛이라는 사실을 깨닫습니다.

이 책을 읽는 당신에게 지금 영적 의식을 거행하겠습니다. 이 의식은 태어나고 여덟째 되는 날 치러집니다. 숫자 8은 시작도 끝도 없는 형태이기 때문입니다. 게다가 고대 사람들은 여덟 번째 숫자를 울타리 또는 장막으로 상징화했으며 그 안과 이면에 창조의 비밀이 문혀 있다고 여겼습니다. 따라서 여덟째 날 거행하는 수술의 숨겨진 의미는 의식의 본질과 일치합니다. 즉, 창조의 영원한 주체를 드러내는 것입니다. 창조의 주체는 만물이 시작되고 끝나더라도 변하지 않으며 모든 것이 사라지더라도 영원한 본질을 유지합니다. 이 신비로운 존재가 바로 당신의 의식입니다.

지금 이 순간 당신은 존재를 인식하지만 그 존재를 어떤 사람이라고 한정해 인식합니다. 이 누군가가 바로 당신의 진정한 존재를 숨기는 장막입니다. 당신은 먼저 존재를 인식하지만 그다음 자신이 어떤 사람으로서 존재한다고 생각합니다. 어떤 사람이라는 장막이 당신의 형체 없는 존재를 가리면 당신은 자신을 특정 인종, 국가, 가족, 교파 등의 일원이라고 여깁니다. 영적 할례 의식에서 제거해야할 대상은 바로 어떤 사람이라는 장막입니다. 하지만 장막을 제거하기 전에 인종, 국가, 가족 등에 고착된 상태에서 벗어나야 합니다. "그리스도 안에서는 그리스인도 유대인도, 노예도 자유인도, 남자도 여자도 없습니다."(갈라디아서 3:28)

당신은 아버지, 어머니, 형제자매를 떠나 나를 따라야 합니다. 그러기 위해서는 당신을 구분 짓는 관념과 자신을 동일시하지 말아야 합니다. 당신을 무엇이라고 규정하는 주장에 무심해져야 합니다. 무심은 끊어내는 칼이고, 감정은 동여매는 끈입니다. 인간을 인종, 피부색, 교리로 구분하지 않고 하나의 거대한 형제애를 갖고 바라볼 수 있을 때, 자신이 이러한 고착을 끊어냈다는 사실을 알게 될 것입니다. 고착에서 벗어난 당신을 진정한 존재와 여전히 갈라놓는 유일한 장막은 바로 당신이 사람이라는 믿음입니다.

이 마지막 장막을 제거하려면 당신이 사람이라는 관념을 내려놓고 자신이 그저 존재한다는 사실을 깨달아야 합니다. '나는 사람이다'라는 인식 대신, 얼굴도 형체도 없는 존재 의식만 남겨두십시오. 그래서 장막이 걷히고 깨어나면 당신은 I AM이 하느님이고 이 인식 외에 다른 신은 없다는 사실을 깊이 깨달아 널리 선언할 것입니다. 이 신비한 진리는 예수님께서 제자들의 발을 씻겨주시는 성경 속 이야기를 통해 전해집니다. 예수님께서는 겉옷을 옆에 내려놓고 수건을 집어 허리에 두르셨다고 전해집니다. 그다음 제자들의 발을 씻기고 허리에 두른 수건으로 발을 닦아주셨습니다. 베드로는 거부했지만 발을 씻지 않으면 예수님과 함께할 수 없다는 말을 들었습니다. 그러자 베드로가 말했습니다. "주여, 제 발뿐 아니라 손과 머리도 씻겨주십시오." 그러자 예수님께서는 이렇게 대답하셨습니다. "씻은 사람은 발만 씻으면 되니, 그는 온전히 깨끗합니다."(요한복음 13:4-10)

상식적으로 생각하면 발만 씻었다고 해서 온몸이 깨끗해졌다고 말할 수 없습니다. 그래서 우리는 이 이야기를 한쪽으로 치워두거나, 아니면 그 속에 숨겨진 의미를 찾아야만 합니다. 성경의 모든 이야기는 인간의 의식 속에서 일어나는 심리 드라마이며 이 일화도 예외는 아닙니다. 제자들의 발을 씻겨주는 일화는 영적 할례 또는 주님의 비밀을 드러내는 신비로운 내용을 담고 있습니다.

예수님께서는 주님이라고 불리십니다. 주님의 이름은 'JeSuis'라고 알려져 있습니다.•

"나는 주님이다. 이것이 나의 이름이다."(이사야서 42:8)

예수님께서 수건을 허리에 두르셨고 그래서 그의 비밀이 감춰졌습니다. 예수님 또는 주님은 당신의 존재 의식을 상징합니다. 존재 의식이 가진 비밀은 수건, 즉 내가 사람이라는 생각 때문에 가려져 있습니다. 그의 발자취를 따라 걸으라는 말은 그의 뜻을 이해하라는 의미를 내포하므로 여기서 발은 이해를 상징합니다. 믿음 또는 관념에 대한 인간의 모든 이해는 주님께서 가지고 계신 존재 인식에 의해 씻겨야 합니다. 그리고 주님께서 수건을 풀어 발을 닦아주실 때, 주님의 비밀이 드러났습니다.

정리하면 당신이 사람이라는 믿음을 제거해야 창조의 주체인 당신의 의식이 드러납니다. 내가 사람이라는 인식은 창조의 주체를 감추는 포피입니다. 나의 존재는 사람이라는 장막에 가려진 주님입니다.

• 영어 표현은 'Jesus'이지만, 저자는 프랑스어의 '나는~이다.'라는 뜻을 가진 'Je Suis'로 표기하며, 주님의 이름이 I AM처럼 존재 자체를 말한다는 점을 드러내고 있습니다.

9장

관념을
고정하지 말라

예수님의 십자가형과 부활은 서로 밀접하게 얽혀 있으며 한 사건이 다른 사건의 의미를 밝히기 때문에 함께 설명되어야 합니다. 이 신비로운 일은 이 땅에서 '성 금요일'*과 '부활절' 의식으로 상징화됩니다. 알다시피 이날들은 고정되어 있지 않고 매년 달라집니다. 두 날은 3월 마지막 주부터 4월 마지막 주 사이에 언제든지 올 수 있습니다. 3월 21일 봄의 시작을 알리는 춘분 이후에 태양이 양자리 구간에 있을 때, 보름달이 뜨고 나서 맞는 첫 번째 일요일이 부활절입니다. 이렇게 해마다 바뀌는 날짜는 관찰력 있는 사람에게 주어진

• 예수님께서 십자가에 못 박혀 돌아가신 날을 기념하는 부활절 직전의 금요일입니다.

해석 외의 다른 의미를 찾아보라는 신호를 줍니다.

지구에서 보면 태양은 봄이 시작되는 시기에 북쪽으로 이동하여 가상의 선인 적도를 가로지릅니다. 신비주의자들은 태양의 이동 경로와 적도가 십자로 교차한 모습을 보고 사람이 살 수 있도록 태양이 '십자가에 못 박혔다'라고 표현했습니다. 그들은 태양이 적도와 교차한 직후, 자연 전체가 긴 겨울잠에서 깨어나 스스로 소생하고 부활하는 모습을 관찰했습니다. 그리고 이 시기에 일어나는 자연의 격동은 바로 십자가 모양의 교차 때문이라고 결론 내렸습니다. 따라서 그들은 하느님의 아들이 유월절에 피를 흘린 것이 분명하다고 굳게 믿었습니다.•

만약 이날들이 정말로 예수님의 죽음과 부활을 나타낸다면 다른 역사적 사건들처럼 날짜가 고정되었을 것입니다. 하지만 실제로 그렇지 않았습니다. 이날들은 주님의 죽음과 부활을 분명히 상징합니다. 여기서 주님은 바로 당신의 존재 의식을 뜻합니다. 기록에 따르면 주님께서는 당신이 살 수 있도록 자신의 생명을 주셨습니다. "나라는 존재는 당신이 생명을 얻고, 또 풍부히 얻게 하려고 왔습니다."(요한복음 10:10)

봄은 겨우내 땅에 묻혀 있던 수백만 개의 씨앗이 홀연히 발아하

• 예수님께서는 이스라엘이 이집트에서 해방된 날을 기념하는 절기인 유월절 기간에 십자가에 못 박히셨습니다. 그는 피를 흘림으로써 인간에게 새 생명과 구원을 약속하셨고, 신비주의자들은 이 모습이 마치 태양이 십자 모양으로 교차하면서 자연이 소생하는 원리와 유사하다고 생각했습니다.

여 인간이 살아갈 수 있게 만들어주는 시기입니다. 또한, 태양의 십자가형과 자연의 부활이라는 신비로운 드라마가 매년 봄에 일어나는 변화의 본질이기 때문에 사람들은 이 신비로운 현상을 성 금요일과 부활절 의식으로 봄마다 기념합니다.

하지만 사실 십자가형과 부활은 매 순간 일어나고 있습니다. 십자가에 못 박히는 대상은 바로 우리의 존재 의식입니다. 십자가는 자신에 대한 관념입니다. 부활은 당신의 관념이 가시적으로 구현되는 과정입니다. 따라서 성 금요일은 애도의 날에서 벗어나 크나큰 기쁨의 날이 되어야 합니다. 십자가에 못 박히지 않으면 부활할 수 없기 때문입니다. 당신이 되려고 열망하는 것이 바로 부활해야 하는 존재입니다. 부활하기 위해 당신은 이미 열망하는 그 존재가 되었다고 느껴야 합니다. I AM, 즉 내가 바로 그것이라고 느끼십시오. 나의 존재는 부활이요 생명이기 때문입니다. 그렇습니다. 여러분의 존재 의식은 당신이 인식한 것을 부활시키고 살아가게 만드는 힘입니다.

"두 사람이 어떤 일이든 뜻을 같이하면, 내가 그것을 땅에서 이루리라."(마태복음 18:19)

여기서 두 사람은 당신과 당신이 열망하는 것입니다. 즉, 당신의 의식과 당신이 의식함으로써 되겠다고 결심한 대상을 뜻합니다. 둘이 뜻을 모아 합의하면 십자가형이 완성됩니다. 내 존재 의식과 내가 열망하는 것은 서로 교차해 십자가 모양으로 연결되고, 마침내 둘은 하나가 됩니다. 그리고 이제 나의 존재가 십자가에 못 박힙니다. 당신을 십자가 위에 고정하는 못은 바로 감정입니다. 신비로운 혼인이 이제 완성되었으며 그 결과로 아이가 탄생하거나 아버지를 증언하는 아들이 부활할 것입니다.

의식은 자신이 의식한 존재와 혼인합니다. 그리고 이 합일을 분명히 보여주는 자녀가 세상에 나타납니다. 당신이 지금 의식하는 존재가 더는 아니라고 생각하게 되는 날, 당신의 자녀인 표상은 죽어 얼굴도 없고 형체도 없는 인식인 아버지의 품으로 돌아갈 것입니다. 모든 표상은 이러한 신비로운 혼인의 결과입니다.

'모든 진정한 결혼은 하늘에서 이루어지고 하늘에서만 끝마칠 수 있다'라는 성직자들의 말은 옳습니다. 하지만 이 말의 뜻을 명확히 하겠습니다. 하늘은 특정한 장소가 아니라 의식 상태입니다. 하늘 왕국은 당신 안에 있습니다. 하늘, 즉 의식 안에서 하느님께서는 자신이 의식한 존재와 닿으십니다.

"누가 나를 만졌느냐? 내게서 힘이 나간 것을 알고 있다."(누가복음 8:45-46)

의식 안에서 접촉이 생겨 느낌이 생겨나는 순간, 새 생명이 탄생하거나 내게서 나간 힘이 새로운 현실을 만들어냅니다.

'나는 자유롭다, 부유하다, 강하다'라고 느끼는 날에 I AM인 하느님께서는 이러한 특성 또는 미덕에 닿으십니다. 그 결과로 이러한 상태가 탄생하거나 부활해 우리 눈앞에 나타날 것입니다. 사람은 자신이 의식한 모든 것을 눈에 보이는 형태로 만들어 확인하기 때문입니다. 이제 당신은 왜 사람이나 만물의 모습이 늘 하느님의 형상대로 만들어지는지 알 것입니다.

당신의 의식은 인식한 모든 것을 형상화하고 외적 현실로 드러냅니다.

"나는 주님이며 나 외에 다른 신은 없다."(이사야서 45:5)

이 말씀대로 I AM은 부활이요 생명입니다!

10 장

내면에 숨어 있는 확신이라는 선물을 찾아라

사람이 자신이 아닌 외부의 힘을 믿는 한, 그는 자신의 존재를 빼앗기게 됩니다. 외부의 힘을 믿는 모든 행위는 그 대상이 선하든 악하든 우상을 만들어 숭배하는 일이 될 것입니다.

"너는 나 외에 그 어떤 다른 신도 두지 말라."(출애굽기 20:3)

약이 나를 낫게 해주고 음식이 나를 건강하게 해주고 돈이 나를 안전하게 지켜줄 것이라는 믿음은 성전에서 쫓아내야 하는 가치관입니다. 이것들은 마치 예수님께서 성전에서 쫓아내버린 돈 바뀌주는 사람들과 같습니다.* "여러분은 살아 계신 하느님의 성전입니다."(고린도전서 3:16) "이 성전은 사람의 손으로 짓지 않았습니다."(사도행전 7:48) "'내 집은 모든 민족이 기도하는 집일 것이다.'라고 기록되어 있지만, 당신들은 이곳을 강도의 소굴로 만들었습니다."(마가복음 11:17)

사물의 힘을 믿는 행위는 마치 강도에게 약탈당하는 것과 같습니다. 세상에는 오직 하나의 힘, 유일한 구원자만 있습니다. 바로 I AM, 나의 존재입니다. 당신을 돕는 것은 사물 자체가 아니라, 그 사물이 나를 도와줄 것이라는 당신의 확신입니다. 그러므로 자신의 힘을 주변으로 넘기는 행동을 멈추십시오. 무지로 인해 다른 사람에게 넘겨주었던 그 힘이 바로 당신 자신이라고 선언하십시오.

부자가 하늘 왕국에 들어가는 일은 금은보화를 짊어진 낙타가 바늘귀를 통과하는 일보다 어렵습니다. 여기서 부자는 세속적 가치로 가득 찬 고집스러운 사람을 뜻합니다. 사람은 사물의 존재 이유를 따집니다. 따라서 인간의 지혜라는 어두운 장막을 통해서는 모든 것의 유일한 존재 이유나 가치가 의식한 존재 자체를 완벽하게 표현하는 데 있다는 사실을 볼 수 없습니다. 다른 도움 없이 특성을 의식하는 것만으로 특성이 세상에 구현된다는 점을 깨달을 때, 사람은 세속적 가치와 인간의 논리에서 벗어나 '가난하고 어리석게' 될 것

• 마태복음 21:12에 따르면 예수님께서는 성전에서 사고파는 사람, 돈 바꿔주는 사람, 비둘기를 파는 사람을 내쫓으셨습니다.

입니다. 그런 사람은 의식한 대로 완벽히 자신을 표현하고 있는 지금 이 순간의 일만 봅니다. 그 외의 것에서는 이유를 찾지 않습니다. 그 사람은 마치 성전에서 돈을 바꿔주는 사람을 내쫓듯이 여러 가치관을 버리고 한 가지 가치만을 세웠습니다. 바로 의식입니다.

주님께서는 거룩한 성전에 계시고, 의식은 자신이 의식한 존재 안에 머무릅니다. I AM을 인식한 인간은 주님이자 성전입니다. 그는 부에 대한 의식이 부를 창조하고 가난에 대한 의식이 가난을 창조한다는 사실을 압니다. 그래서 모든 사람이 지금 표현하고 있는 모습을 너그럽게 봅니다. 사람들은 그저 다른 도움 없이 자신이 의식한 것을 삶에 그대로 드러내기 때문입니다. 그는 의식이 변화하면 표상이 바뀐다는 사실을 압니다. 그래서 성전 앞에 엎드려 삶에 필요한 것을 구걸하는 사람들을 동정하는 대신, 이렇게 선언합니다. "내게 은과 금은 없지만 당신에게 내가 가진 것, 즉 자유의 의식을 주겠습니다."(사도행전 3:6)

당신 안에 있는 선물을 꺼내 가져오십시오. 구걸을 멈추고 자신이 간청하던 존재가 이미 되었다고 주장하십시오. 이렇게 하면 당신 역시 장애물로 가득 찬 세상에서 자유의 세상으로 도약하며 주님인 I AM을 위한 찬송가를 부르게 될 것입니다. 그의 존재 의식이 신이라는 사실을 알게 된 모든 사람은 이렇게 외칩니다. "여러분 안에 계신 분이 세상 안에 있는 자보다 훨씬 크십니다."(요한 1서 4:4)

당신이 이 사실을 깨달으면 성전에서 도둑과 강도들이 일시에

소탕될 것입니다. 그리고 "너는 나 외에 그 어떤 다른 신도 두지 말라."(출애굽기 20:3)라는 명령을 잊은 순간 상실했었던 사물에 대한 지배력을 회복하게 될 것입니다.

11장

돌을 깎아 예술을 발견하는 조각가의 마음

"제 뜻이 아니라 아버지의 뜻대로 해주십시오."(누가복음 22:42) 이 순종의 표현은 맹목적 운명론을 따르겠다는 의미가 아닙니다. "나는 무엇도 내 뜻대로 할 수 없습니다. 내 안의 아버지께서 그 일을 하시는 것입니다."(요한복음 5:30, 14:10)라고 말하며 깊이 깨달은 인식을 고백하는 표현입니다.

사람은 지금 존재하지 않는다고 생각한 것을 시간과 공간 속에 나타내려고 의지를 다지며 애씁니다. 하지만 그는 자신이 실제로 무엇을 하는지 알아차리지 못합니다. 그가 정작 하는 일은 바로 이것입니다. "나는 지금 그것을 표현할 능력이 없어. 하지만 시간이 지나면 그 능력이 생길 거야." 그는 의식적으로 이렇게 말하고 있습니다.

정리하자면 지금은 아니지만 언젠가는 그런 존재가 될 것이라는 의미입니다.

사람은 일을 행하는 아버지가 바로 의식이라는 사실을 깨닫지 못합니다. 그래서 자신의 의식에 없는 존재를 표현하려고 애씁니다. 하지만 아무리 기를 써도 결과는 실망스러울 뿐입니다. 오직 현재 있는 것만이 자신을 세상에 드러내기 때문입니다. 내가 추구하는 존재가 이미 나라고 인식하지 않는 한 당신은 그것을 발견할 수 없습니다. 하느님, 즉 당신의 인식은 모든 것의 실체이자 충만함입니다.

하느님의 뜻은 미래에 '있을 것'이 아니라 지금 '있는 것'을 인식하는 데 있습니다. 따라서 "아버지, 뜻이 이루어질 것입니다"라고 말하는 대신 "아버지의 뜻이 이루어졌습니다"라고 말하십시오. 일은 거행되었습니다. 모든 것을 세상에 드러내는 원칙은 영원합니다. "비록 눈으로 보지 못했고 귀로 듣지 못했으며 사람의 마음에 떠오르지도 않는 것이지만, 하느님께서 원칙을 사랑하는 사람들을 위해 준비하셨습니다."(고린도전서 2:9)

조각가는 아무 형태도 없는 대리석 덩어리를 보며 무형의 모습 안에 묻혀 있는 완성된 예술 작품을 발견합니다. 그래서 걸작을 만들려 애쓰지 않고 그가 구상한 모습을 가리고 있는 나머지 부분을 제거해 단순히 조각상의 모습을 드러냅니다.

당신에게도 같은 원리가 적용됩니다. 당신의 무형의 인식인 I AM 안에는 당신이 떠올릴 수 있는 당신의 모습이 묻혀 있습니다. 이 진리를 깨닫는 순간, 당신은 그렇게 되려고 노력하는 미숙한 노동자가 아니라 이미 자신이 그렇다는 사실을 아는 위대한 예술가로 변모할 것입니다.

원하는 모습이 이미 되었다는 주장은 '그렇게 될 것이다'라는 인간의 어두운 장막을 제거하고 '나는 그것이다'라는 완전한 선언을 보여줍니다.

하느님의 뜻은 아들을 잃은 여인의 대답에 잘 드러나 있습니다. 그녀는 "모두 괜찮습니다"라고 대답했습니다. 사람의 뜻을 따랐다면 '괜찮아질 것입니다'라고 답했을 것입니다. '괜찮아질 것입니다'라는 말은 '괜찮지 않다'라는 의미입니다. 하느님, 즉 영원한 지금은 헛된 말이나 공허한 반복에 속지 않습니다. 하느님께서는 지금 존재하는 것을 끊임없이 구현하십니다.

예수님께서는 하느님과 자신이 동등하다고 선언하셨지만 하느님의 뜻에 순종하셨습니다. 예수님의 순종은 '미래에 그렇게 될 것이다'라며 현재의 부족함을 인식하는 태도가 아닌, '나는 지금 그렇다'라며 충족의 인식을 받아들이는 자세였습니다.

이제 선지자의 말에 담겨 있는 지혜가 보일 것입니다. 그는 "약한 자들에게 '나는 강하다'라고 말하게 하라."(요엘서 3:10)라고 했습니다. 장막에 가려 보지 못하는 사람은 선지자의 충고를 따르지 않을 것입니다. 그래서 스스로 약하고 가난하고 비참하다고 끊임없이 주장합니다. 또한 벗어나려고 애쓰는 모든 달갑지 않은 상황에서 언젠가 벗어날 것이라고 어리석게 외치며 그 상황을 지속시킵니다. 당신이 구하는 것을 당신의 세상에 들여올 수 있는 문이 딱 하나 있습니다. I AM은 자신을 1인칭 현재시제로 선언하는 표현입니다. 즉, I AM을 안다는 말은 지금 나의 존재를 의식한다는 뜻입니다. 바로 이 의식이 유일한 문입니다. 따라서 당신이 찾고 있는 존재를 먼저 의식하지 않으면 당신은 헛된 일을 하게 됩니다.

겉으로 드러나는 현상만 보고 판단하면 감각이 주는 증거에 의해 계속 속박당하게 됩니다. 감각이 거는 최면술에서 벗어나려면 "안으로 들어가 문을 닫으십시오"(마태복음 6:6)라는 말을 기억해야 합니다. 감각의 문이 꽉 닫혀야만 당신의 새로운 선언이 인정받을 수 있습니다. 감각의 문을 닫는 일은 보는 것만큼 어렵지 않으며 노력 없이 자연스럽게 이루어집니다. 동시에 두 주인을 섬기는 일은 불가능합니다. 삶을 주도하는 사람은 자신이 의식한 존재를 섬기기로 선택합니다. 나는 주님이자 내가 의식한 존재의 주인입니다.

가난을 세상에 구현하는 일은 식은 죽 먹기보다 쉽습니다. I AM, 즉 나의 존재가 가난을 의식하면 됩니다. 주님인 I AM이 가난을 의식하는 한, 가난한 상태는 하인이 되어 주인을 따를 수밖에 없습니다. 그러므로 감각 증거에 맞서 싸우는 대신, 열망하는 상태가 이미 되어 있다고 단순히 선언하십시오. 당신이 이 선언에 집중하면 감각의 문이 즉시 차단되고, 이전에 의식했던 상태는 당신의 내면에 들어올 수 없게 됩니다.

지금 주장한 모습이 진정한 자신이라는 느낌에 깊이 몰입하십시오. 그러면 감각의 문이 다시 활짝 열립니다. 감각의 문은 I AM이 현재 의식하고 있는 상태만 안에 들이며, 이 상태가 세상에 구현됩니다. 그러므로 예수님의 선례를 따릅시다. 예수님께서는 자신이 현재의 부족한 상태를 바꿀 수 없다는 사실을 깨닫고 감각의 문을 닫으셨습니다. 그리고 모든 것이 가능한 아버지께 가셨습니다. 감각이 주는 증거를 모두 부인하며, 바로 직전까지도 감각이 불가능하다고 말하던 그 상태가 지금 자신의 모습이라고 주장하셨습니다. 자신이 의식한 대로 땅에 구현된다는 사실을 되새기며 스스로 선언한 의식 상태 안에 머무르셨습니다. 그러자 감각의 문이 열렸고 주님의 통치가 확인되었습니다. 기억하십시오. I AM은 모두의 주님입니다. '미래에 그렇게 될 것이다'라며 사람의 뜻에 따라 말하지 마십시오. 예수님처럼 순종하며 '나는 그것이다'라고 선언하십시오.

12장

당신이 이루고 싶은
상태를 인식하라

"이 말을 잘 듣고 마음에 새기십시오. '사람의 아들'은 사람들의 손에 넘겨질 것입니다."(누가복음 9:44) 눈이 있어도 보지 못하고 귀가 있어도 듣지 못하는 자들처럼 되지 마십시오. 이러한 계시를 귀담아 마음에 단단히 새기십시오.

생각, 즉 '아들'이 세상에 나타나면 사람들은 잘못된 가치와 논리를 내세우며 아들이 어째서 모습을 드러냈는지 설명하려고 시도할 것입니다. 그러면서 아들을 갈기갈기 찢어놓을 것입니다. 어떤 일이 불가능하다고 모든 사람이 입을 모아 말한 뒤에 누군가가 그 불가능한 일을 해내면 그럴 수 없다고 말했던 현자들마저 그 일이 어째서 일어났는지 설명하기 시작할 것입니다. 그들은 '이음새 없는 옷'

을 갈기갈기 찢어놓을 것입니다.• 하지만 그들은 진리에 도달하지 못한 채 마치 그 일이 불가능하다고 선언했던 그때처럼 진리에서 멀어지게 될 것입니다.

사람이 어떤 현상의 원인으로 창조자가 아닌 다른 요소를 찾아 헤매는 한, 그 노력은 헛되고 덧없습니다. 우리는 수천 년 동안 이 말을 들어왔습니다. "나는 생명이요 세상의 빛입니다."(요한복음 8:12) 내가 끌어당기지 않으면, 어떤 현상도 내게 나타나지 않습니다. 하지만 사람들은 이 사실을 믿지 않은 채 자기 외부에 있는 원인을 믿으려 합니다. 보이지 않던 것이 보이는 순간, 사람들은 그것이 나타난 이유와 목적을 설명하려 합니다. 그래서 세상에 나타난 '사람의 아들'은 '사람들의 손', 즉 합리적 설명 또는 사람의 지혜에 의해 끊임없이 파괴됩니다. 이제 당신의 의식이 모든 표상의 원인이라는 사실이 드러났으니 수많은 신을 섬기던 이집트의 어둠으로 돌아가지 마십시오. 우리에게는 오직 한 분의 하느님만이 계십니다. 바로 당신의 의식입니다.

"땅의 모든 주민은 아무것도 아닌 것으로 여겨지며, 그분은 자신의 뜻에 따라 하늘의 군대와 땅의 주민들에게 행동하십니다. 누구도 그분의 손을 막거나, 그분께 '무슨 일을 하신 겁니까?'라고 물을 수

• 요한복음 19:23-24에 따르면 로마 병사들은 예수님을 십자가에 못 박으며 예수님의 이음새 없는 옷을 찢지 않고 제비를 뽑아 가져가기로 했습니다. 당시 이음새 없이 통으로 짠 옷은 귀하게 여겨졌고, 여기서는 분리될 수 없는 진리와 완전함을 상징합니다.

없습니다."(다니엘서 4:35) 만약 온 세상 사람이 어떤 일은 절대 불가능하다고 뜻을 모으더라도 불가능한 그 일을 당신이 인식하면 세상에 드러내어 구현할 수 있습니다. 당신의 의식은 인식하고 있는 상태를 표현하기 위해 누구의 허락도 구하지 않습니다. 사람의 지혜가 막고 하늘과 땅의 군사들이 반대하더라도, 의식은 전혀 애쓰지 않고 자연스럽게 자신이 인식한 상태를 세상에 나타냅니다.

"길을 가다가 누구와도 인사하지 마십시오."(누가복음 10:4) 이 구절은 무례하거나 불친절하게 굴라는 뜻이 아닙니다. 누구든 나보다 우월하게 여기지 말고, 누구에게서든 당신의 표현을 막는 장벽을 보지 말라고 상기하는 명령입니다. 당신의 손을 막거나 인식한 상태를 표현하는 능력에 의문을 제기할 수 있는 사람은 없습니다. 표면적 상황만 보고 판단하지 마십시오. 하느님 눈에 그 모든 일은 아무것도 아닙니다.

제자들이 겉으로 드러난 상태만 보고 귀신 들린 소년의 사례가 다른 문제보다 해결하기 어렵다고 판단했을 때, 그들은 치료에 실패했습니다.* 겉모습만 보고 판단했기 때문에 하느님께서는 모든 일을 가능하게 하신다는 사실을 잊은 것입니다. 제자들은 표면에 드러난 현실에 도취되어 소년의 온전한 정신을 자연스럽게 느끼지 못했

• 마태복음 17:14-20에서 제자들은 귀신 들린 소년의 치료에 실패하지만, 예수님께서는 소년에게서 악귀를 쫓으셨습니다. 그리고 "겨자씨만 한 믿음이라도 있으면 불가능한 일은 없을 것이다"라고 말씀하셨습니다.

습니다. 이렇게 실패하지 않으려면 당신의 의식이 전능한 존재이며 현존하는 온전한 지혜이며 인식한 상태를 아무런 도움 없이 세상에 손쉽게 표현하는 존재라는 사실을 끊임없이 명심해야 합니다. 감각으로 느껴지는 증거에 완벽히 무심해지십시오. 그러면 열망이 자연스럽게 느껴지고 현실에 구현될 것입니다. 겉모습에서 고개를 돌려 온전한 정신을 자연스럽게 느끼면 온전한 정신이 실현됩니다.

당신의 열망이 바로 당신이 처한 문제의 해결책입니다. 열망이 실현되면 문제는 사라집니다. 열망은 모습을 드러내지 않은 현실이며 오직 하느님의 명령에만 반응합니다. 하느님께서는 보이지 않는 것을 현실에 나타내기 위해 스스로 명령받은 존재가 되십니다.

"그는 스스로 하느님과 하나가 되었고, 하느님의 일을 하는 자신을 찬탈자로 여기지 않았습니다."(요한복음 5:18) "이제 이 말을 잘 듣고 마음에 새기십시오."(누가복음 9:44) 당신이 현실에 나타내고 싶은 상태를 인식하십시오!

I AM
THAT
I AM _____